Dieses Buch gehört:

Maske, Hut und Schminkgesicht

VERKLEIDEN KINDERLEICHT

Vorwort

Ob Pirat, Indianer, Blumenmädchen oder Fee, Verkleiden macht der ganzen Familie Spaß und noch viel aufregender ist es, wenn man sich sein eigenes Kostüm basteln kann. In diesem Buch zeigen wir Ihnen Ideen und Anregungen für die Gestaltung ganz individueller Kostüme, die sich schon auf den ersten Blick von der Stangenware unterscheiden. Tauchen Sie ein in eine Welt herrlicher Farben, ungewöhnlicher Formen und überraschender Materialien und entdecken Sie so originelle Kostümideen zum Nachbasteln und Weiterdenken.

Das Verlangen unserer Kinder nach Verkleidung und Rollenspiel ist nicht nur zur Faschingszeit ein topaktuelles Thema. Es macht ihnen unheimlich großen Spaß, in andere Identitäten zu schlüpfen und spielerisch deren Welt zu entdecken. Basteln Sie mithilfe der zahlreichen Schritt-für-Schritt-Anleitungen einfach und schnell farbenfrohe Kostüme für Ihre Kinder. Dabei können Materialien und Ausführungen der Kostüme nach Belieben variiert werden. Beziehen Sie die kleinen Helfer doch mit ein, in den spannenden Weg zum fertigen Kostüm. So gelingt's garantiert und Ihr kleiner Liebling wird begeistert sein!

PS: Ein Zusatzmodell haben wir auf http://www.topp-kreativ.de/TOPP5751/ für Sie bereitgestellt!

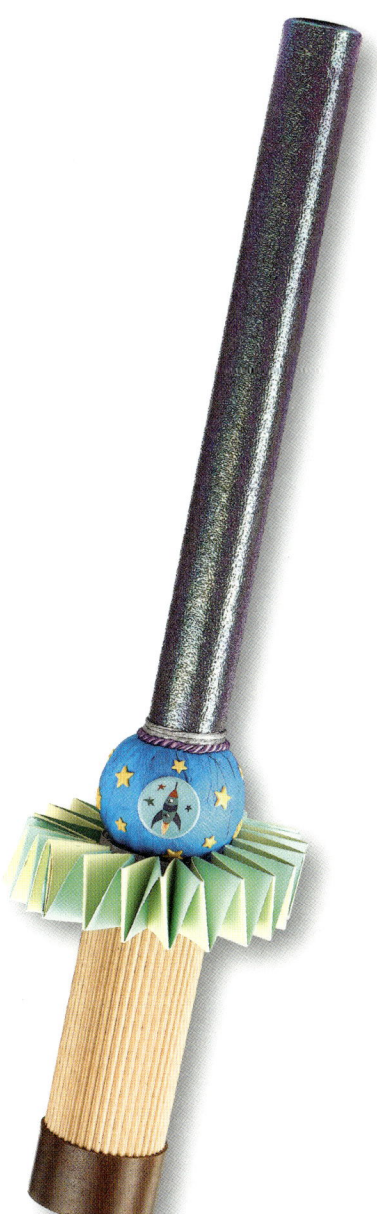

So wird's gemacht

Kleine Künstler

Beziehen Sie Ihr Kind in die Auswahl des Kostüms und in die Bastelarbeit mit ein. Malen, Kleben und Modellieren macht schon den Kleinsten großen Spaß. Wenn geschnitten oder genäht wird, ist das allerdings Ihr Part!

Keine Nähmaschine

Alle Modelle in diesem Buch sind ohne Nähmaschine machbar. Allerdings erleichtert eine Nähmaschine das Basteln sehr. Oft kann Stoff mithilfe von Textilkleber oder doppelseitigem Klebeband verziert werden oder es genügen einzelne Heftstiche. Der Sari auf Seite 41-45 wird beispielsweise mit Sicherheitsnadeln fixiert.

Schminken

1 Gemalt werden kann mit wasserlöslicher Schminkfarbe im Tiegel oder mit Schminkstiften. Klären Sie vorab mögliche Allergien ab. Oft genügt ein Probebild auf dem Kinderhandrücken am Vortag.

2 Glitzersteine setzen Sie mit Hautkleber auf. Glitter hält auf der Haut, wenn Sie diese zuvor mit Vaseline betupft haben.

3 Fixiert wird die Schminke durch etwas Haarspray.

4 Abschminken erfolgt durch Waschen mit Wasser und Seife und einer Nachbehandlung mit Creme und Watte oder einem Öltuch. Geschminkte Hände und Fingernägel lassen sich leicht mit Waschpaste säubern.

Gipsgrundform für Tierkopfhüte

Material

* 4 Gipsbinden, 12 cm breit, 2 m lang
* Luftballon (runde Form)
* Schere
* Schale mit Wasser
* alte Zeitungen
* ggf. Malerkittel

Tipp

Wenn Sie nur eine Grundform für eine einzige Kopfbedeckung herstellen möchten, dann gipsen Sie nur den halben Ballon ein. Die halbe Form sollten Sie nach dem Trocknen vorsichtig vom Ballon lösen und die Kanten der Gipsform mit einer Schere begradigen.

1 Am besten legen Sie Ihren Arbeitsplatz mit alten Zeitungen aus und ziehen sich Arbeitskleidung an.

2 Schneiden Sie die Gipsbinden in Stücke von etwa 10 cm x 12 cm. Wickeln Sie hierzu die Gipsbinde nach und nach ab und schneiden dabei etwa alle 10 cm ein Stück ab.

3 Blasen Sie nun den Luftballon auf. Es empfiehlt sich, die Größe des Ballons auf den Kopf des späteren Trägers abzustimmen (lieber zu groß als zu klein).

4 Stellen Sie sich eine Wasserschale bereit. Tauchen Sie nun ein Gipsbindenstück kurz in die Wasserschale ohne es zu sehr zu bewegen. Legen Sie das getränkte Gipsbindenstück auf den Ballon und streichen Sie es an den Enden glatt aus.

5 Achten Sie darauf, dass die Gipsbinden sich überlappen, um ein stabiles Endergebnis zu erzielen. Zum Arbeiten ist es praktisch, wenn Sie den Knoten frei lassen. Bedecken Sie den Ballon rundherum mit drei Schichten und lassen Sie ihn gut trocknen, mindestens über Nacht. Man kann eine alte Kaffeedose gut als Halterung umfunktionieren und den Ballon zum Trocknen mit der geknoteten Seite auf die offene Dose stellen.

6 Schneiden Sie den Gipsballon der Länge nach auf: Beginnen Sie beim Knoten des Ballons und probieren Sie mit der Klinge der Schere zwischen Ballon und Gipsbinde zu gelangen.

7 Sie können nun zwei etwa gleich große Gipsteile vorsichtig vom Ballon lösen.

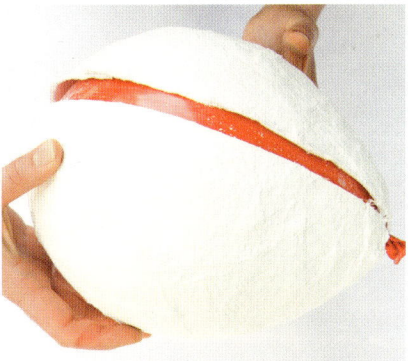

Hinweis

Ist der Hut zu groß geraten oder rutscht er aufgrund seiner ovalen Form, verkleiden Sie ihn am besten von innen mit Schaumstoffstreben. Die beste Anordnung der Wülste kann man sich an einem Fahrradhelm ansehen.

Papierkordeln auftrennen

1 Papierband oder Papierkordeln gibt es im Handel in verschiedenen Längen und Farben zu kaufen. Da dieses Material sehr flexibel und gut zu verarbeiten ist, gehört es in jeden Bastelschrank.

2 Man muss die Kordel allerdings nicht in dieser Form verwenden, sondern kann sie auch auftrennen. Letztendlich stellt man die Ursprungsform wieder her, denn das Band war ja mal ein Papierstreifen, der in sich verzwirbelt wurde.

3 Drehen Sie das Band Stück für Stück auf, bis die benötigte Länge erreicht ist. Am Ende sollte man das aufgezwirbelte Papierstreifenstück auf einer gerade Unterlage mit den Fingern glattstreichen.

Mit Textilfarbe drucken

1 Sie können nahezu alle Kleidungsstücke mit Stempeln und Textilfarbe bedrucken. Strumpfhosen und T-Shirts eigenen sich dazu besonders gut. Wählen Sie einen Stoff mit möglichst hohem Baumwollanteil. So können Sie schnell eindrucksvolle Kostüme herstellen, beispielsweise für kleine Zebras, Giraffen oder Tiger.

2 Waschen Sie zunächst die Appretur aus dem Gewebe.

3 Um Stempel herzustellen, eignet sich Moosgummi, das Sie leicht in jede beliebige Form schneiden können. Auch Radiergummis in interessanten Formen aber auch fertige Stempel und Schablonen eignen sich. Damit Sie gut mit alternativen Materialien stempeln können, sollten Sie Moosgummi oder Radiergummis auf kleine Holzstücke oder ausrangierte Nähgarnspulen kleben. So können Sie die Stempel zum Arbeiten besser greifen.

4 Textilfarben gibt es in kleinen Dosen oder Gläsern zu kaufen. Man kann sie dauerhaft fixieren, oft indem man sie einbügelt. Beachten Sie in jedem Fall die Herstellerangaben. Bedenken Sie außerdem, dass es Textilmalfarben sowohl für dunkle als auch für helle Textilien gibt.

5 Es ist außerdem empfehlenswert, feste Pappe in das zu bedruckende Stoffstück zu legen, damit die Farbe nicht auf die darunterliegende Stoffschicht durchdrückt. Gut stempeln lässt es sich auf einem halbweichen Untergrund, etwa einem Bügelbrett.

6 Um sich das stetige Anmalen Ihres Stempels mit dem Pinsel zu ersparen, können Sie sich die Farbe auch mit einer Schaumstoffwalze auftragen oder die Farbe auf einer glatten Fläche ausrollen und diese Farbfläche dann wie ein Stempelkissen benutzen.

Edle Elfenohren

Elegantes aus Mittelerde

UNSER ELTERN-TIPP

Mit der gleichen Technik lassen sich auch andere Ohren fabelhafter Wesen kreieren. Denken Sie nur einmal an Werwölfe, Hexen, den kleinen Muck & Co. Erstellen Sie sich hierzu erst einmal eine Vorlage mit der individuellen Ohrform und übertragend Sie diese wie in der Anleitung zu den Elfenohren auf das Moosgummi. Mit Fellresten beklebt oder mit Glitterrand – Sie erzielen schnell ganz unterschiedliche Wirkungen.

Schwierigkeitsgrad

● ● ●

Motivhöhe

ca. 9 cm

Material

* Lufttrocknende Modelliermasse in Weiß, ca. 50 g
* Moosgummirest in Hautfarbe
* Acrylfarbe in Metallic-Kupfer und Hautfarbe
* Mattlack
* 4 Halbperlen, ø 5 mm
* 28 Halbperlen, ø 3 mm
* Gummilitze, 10 cm lang

Hilfsmittel

* Nadel
* Nähseide
* Skalpell
* Stift
* Pinsel
* Moosgummikleber

Vorlage

Bogen A

Unser Verkleidungstipp

Elfen tragen gerne Glitter im Gesicht, vor allem auf den Wangenknochen. Das Kostüm sollten sie auf den jeweiligen Elfentyp abstimmen, vom Robin Hood-Aufzug mit Pfeil und Bogen bis hin zum nebelfarbenen Schleiergewand ist alles möglich.

1 Um ein fantastisch schönes Elfenohr zu kreieren schneiden Sie die größere Vorlage jeweils zweimal aus Moosgummi in Hautfarben aus. Einmal davon spiegelverkehrt.

2 Rollen Sie eine dünne Fläche von 15 cm x 15 cm aus lufttrocknender Modelliermasse aus und übertragen Sie die beiden Vorlagen jeweils zweimal mithilfe eines Stiftes auf die Modelliermasse, wiederum einmal spiegelverkehrt.

3 Schneiden Sie die Teile vorsichtig aus der Modelliermasse und verschönern Sie die Schnittkanten, indem Sie mit angefeuchteten Fingern an den Rändern entlangfahren.

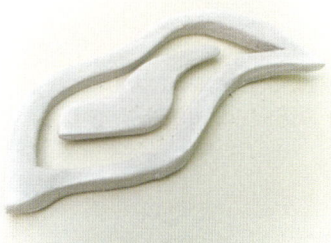

4 Nachdem die Modelliermasse getrocknet ist, alle modellierten Teile mit Acrylfarben bemalen. Hier bietet es sich an, Metallic-Kupfer und Hautfarben zu mischen. Um die Farbe dauerhaft zu fixieren, die modellierten Einzelteile

nach dem Bemalen mit Mattlack bestreichen und trocknen lassen.

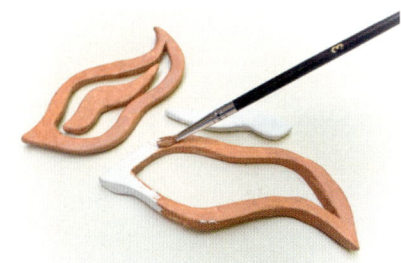

5 Bringen Sie mithilfe von Nadel und Garn die Gummilitze an der hinteren Seite der zugeschnittenen Moosgummiteile an. Diese dient der Befestigung am Ohr.

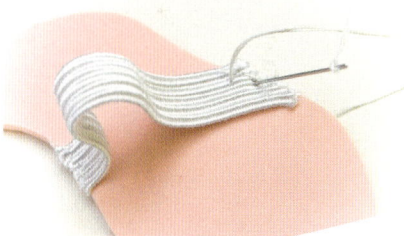

6 Nun die modellierten Einzelteile auf die Vorderseite der hautfarbenen Moosgummiteile kleben und die Elfenohren mit Halbperlen verschönern. Ihre kleine Elfe wird begeistert sein!

Schmetterlingsschminke

fröhliches Falterface

Schwierigkeitsgrad

● ○ ○

Material

* Kinder-Schminkfarbe im Tiegel in Weiß und Fuchsia
* Kinder-Schminkstift in Pink, Cremeweiß und Braun
* Glitzerstaub in Silber
* Strasssteine in beliebiger Anzahl

Hilfsmittel

* Pinsel
* Hautkleber
* Vaseline

Vorlage

Bogen A

UNSER ELTERN-TIPP

Schauen Sie sich mit Ihren Kindern ein Naturkundebuch über Schmetterlinge an. Darin werden Sie mannigfaltige Form- und Farbvarianten zur Inspiration finden, aus denen Sie gemeinsam den schönsten Schmetterling auswählen können. Ergänzend können Sie Blumen im Kinderhaar verteilen, schließlich fühlen sich die Schmetterlinge von Blumen wie magisch angezogen!

---

1 Zuerst mit braunem Kinder-Schminkstift den Schmetterlingskörper und die Fühler auf den Nasenrücken aufmalen und flächig kolorieren. Danach beginnen Sie damit, die Konturen der Schmetterlingsflügel auf das Gesicht zu zeichnen. Dazu einen Kinder-Schminkstift in Pink verwenden. Haben Sie diese Kontur gezeichnet, können Sie den inneren Bereich ausgestalten.

2 Der Innenflügel wird mit dem Kinder-Schminkstift in Cremeweiß grundiert. Benutzen Sie Kinder-Schminkfarbe im Tiegel in Weiß, um den Schmetterlingsflügeln mithilfe eines dün-

nen Pinsels kleine, weiße, strichartige Verzierungen aufzumalen, die Sie gezielt am oberen und unteren Gesichtsbereich anbringen.

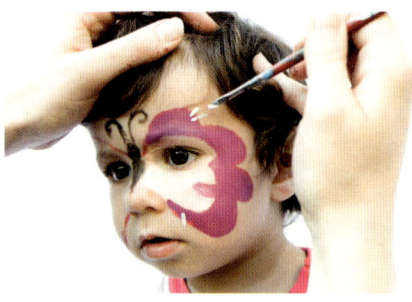

3 Abschließend wird Glitter über die Flügel getupft: Dazu vorsichtig, damit die vorherige Farbebene nicht verschmiert, ein wenig Vaseline auf die Wange verteilen und mit Glitzerstaub in Silber betupfen.

4 Bevor der Schmetterling endgültig davon flattern kann, zur Verzierung ein paar Strasssteine in beliebiger Größe und Form auf das Gesicht aufbringen. Benutzen Sie hierzu speziellen Hautkleber oder bunte selbstklebende Strasssteine.

Unser Verkleidungstipp

Kleine Falter freuen sich sehr über schillernde Flügel. Verwenden Sie doch die Flügelvorlage der flinken Fliege auf Seite 57–59 und gestalten Sie diese mit bunten Glitzersteinen und etwas Acrylfarbe passend zum Schminkgesicht. Diese Flügel lassen sich auch problemlos über einem Anorak zum Faschingsumzug tragen – denken Sie nur daran, die Armschlaufen groß genug abzumessen.

Entermesser & Co.

Nichts für Landratten!

Säbel

1 Klar zum Entern, aber das Entermesser fehlt? Blitzschnell können Sie für Ihren kleinen Piraten einen Säbel basteln: Schneiden Sie dafür die Klinge der Vorlage entsprechend aus starker Pappe zu.

2 Die größte Styropor®kugel in der Mitte teilen, sodass eine Halbkugel entsteht, die wiederum in der Mitte einen Schlitz der Größe der Klinge bekommt. Überprüfen Sie das Ergebnis, indem Sie die Klinge probeweise hineinstecken und bekleben Sie diese danach mit zwei, ebenfalls nach Vorlage ausgeschnittenen, silberfarbenen Tonpapierstücken.

3 Nun die Styropor®halbkugel mit hellblauem Knautschpapier ummanteln. Bemalen Sie die 29 Wattekugeln in Acrylfarben Ihrer Wahl und bringen Sie sie mithilfe von Streichhölzern am Modell an. Zur besseren Fixierung starken Klebstoff nutzen. Zwei Styropor®kugeln (ø 4 cm) bemalen Sie mit Acrylfarbe in Kupfer und bringen Sie mithilfe von Schaschlikspießen an. Stecken Sie danach die silberne Klinge in die Halbkugel.

4 Setzen Sie nun 20 Strasssteine auf die Styropor®halbkugel auf.

5 Eine Papprolle mit einem Durchmesser von 5 cm auf 16 cm Länge zuschneiden und die Enden mit Tonpapierresten bekleben. Kleben Sie danach das gestreifte Papier um die Rolle. Der Griff ist fast fertig! Bekleben Sie eine weitere Styropor®kugel (ø 6 cm) mit hellblauem Knautschpapier und verzieren Sie diese mit 18 Strasssteinen. Zum Schluss noch die Styropor®kugel an ein Ende des gestreiften Griffes kleben.

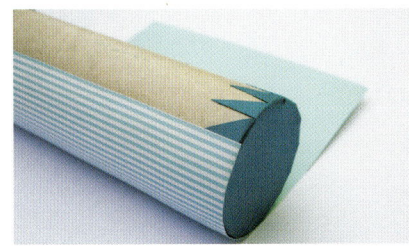

6 Befestigen Sie das andere Ende an der Styropor®halbkugel mit dem Durchmesser 10 cm. Dazu starken Kleber benutzen, da der Griff sonst das Gewicht der Klinge nicht halten kann. Und schon ist der Piratensäbel fertig!

●●● Weiter geht es auf Seite 12

Augenklappe

* dicker Bastelfilz in Schwarz, A5
* Papprest
* Tonpapierrest in Hellblau
* Gummiband in Schwarz,
  ca. 40 cm lang

Hilfsmittel
Augenklappe

* doppelseitiges Klebeband
* Garn in Schwarz
* Nadel
* ggf. Nähmaschine
* Schere
* UHU Alleskleber ohne
  Lösungsmittel

Vorlage

Bogen A

Augenklappe

1 Schneiden Sie aus dickem schwarzem Bastel-
filz zweimal die Augenklappe entsprechend der
Vorlage aus; außerdem noch ein weiteres Mal aus
Pappe.

2 Nehmen Sie nun das Gummiband zur Hand
und nähen Sie die Enden an den markierten Stellen eines Augenklappenstückes aus Bastelfilz fest.
Legen Sie nun über dieses Stück das ausgeschnit-
tene Pappstück und darüber das zweite Bastelfilz-
stück. Nähen Sie nun am äußeren Rand alle Lagen
zusammen. Die Pappe dient dazu, die Augenklappe zu versteifen, weil der Bastelfilz sich sonst
beim Tragen nach innen wölbt und auf das ge-
schlossene Auge drückt.

3 Übertragen Sie das Säbelmotiv mithilfe von
Kohlepapier auf hellblaues Tonpapier und kleben
Sie auf die Papierrückseite doppelseitiges Klebeband. Schneiden Sie das Säbelmotiv anschließend
aus und ziehen Sie die Trägerfolie vom doppelsei-
tigen Klebeband ab. Platzieren Sie das Säbelmotiv
wie gewünscht auf der Augenklappe und pressen
Sie es fest an. Fertig ist die Augenklappe und Ihr
kleiner Pirat kann in See stechen.

Unser Verkleidungstipp

Außer Piratenhut oder Kopftuch benötigt natürlich jeder Pirat einen Bart. Denn es heißt ja nicht umsonst „Alle, die mit uns auf Kaperfahrt fahren, müssen Män- ner mit Bärten sein"! Schmink- ideen hierzu finden Sie auf Seite 36/37.

UNSER ELTERN-TIPP

Sie können die Teile der Augen- klappe auch zusammenkleben. Dennoch sollten Sie das Gummi- band zusätzlich mit einigen Stichen fixieren. Ein Dreieckstuch als Kopftuch und eine maritime Streifenhose machen Ihren Piraten komplett. Besonders beliebt sind bei Piraten übrigens Schatzsuchen und Hinweise, die per Flaschen- post kommen.

Blumenmädchen

Flowerpower in Pastell

Schwierigkeitsgrad
● ● ●

Motivhöhe
Kopfschmuck ø 25 cm

Handblume ø 15 cm, 40 cm lang

Blütenbroschen ø 6 cm

Blätter 15 cm lang

Material Kopfschmuck, Blütenbrosche & Handblume
* Knautschpapier in Hellblau, 70 cm x 24 cm
* Naturpapier mit Einschlüssen, 35 g/m², 70 cm x 50 cm
* Regenbogenstrohseide in Violett, 70 cm x 150 cm
* Regenbogenstrohseide in Grün, 45 cm x 150 cm
* Rolle Krepppapier in Rosa und Violett
* Rolle Kreppwickelband in Grün, 2,4 cm breit, 20 m lang
* Strohseideband in Lindgrün, 5 m x 15 cm
* Rocailles in Metallfarben Türkis, ø 2,6 mm, 15 g
* Styropor®kugel, ø 4 cm
* Künstliche Staubgefäße
* Acrylfarbe in Metallic-Kupfer
* 15 Wattestäbchen
* 2 Wattekugeln, ø 1 cm
* Wollfilzreste
* Metallring, ø 18 cm (je nach Kopfumfang)
* Broschennadel
* Draht, ø 0,8 mm, 5 m lang

Kopfschmuck

1 Je feiner und strukturierter das Papier ist, desto natürlicher wirkt das Ergebnis. Je nach Blütengröße variieren die Grundstreifen für die Blüten von 125 cm x 12 cm bis 50 cm x 12 cm. Schneiden Sie aus Strohseide, Krepppapier und Seidenpapier 15 Streifen in 125 cm x 12 cm für die äußeren Blütenbereiche und 15 Streifen in 50 cm x 12 cm für die inneren Blütenblätter.

2 Bereiten Sie nun die Staubgefäße der Blüte vor. Verwenden Sie entweder Wattestäbchen, die Sie mit Acrylfarbe bemalen, vorgefertigte Staubgefäße aus dem Bastelgeschäft oder Wattekugeln, die Sie mit Rocailles bekleben. Die Wattestäbchen in dünnflüssige Farbe tauchen und trocknen lassen. Wenn Sie Wattekugeln verwenden, die Sie entweder mit Papier umwickeln oder mit Perlen bekleben, führen Sie vorher eine Stopfnadel durch die Kugel, um einen Draht zu befestigen, den Sie um die halbe Kugel schlagen und der als Halterung für die Kugel in der Blüte dient.

3 Die 30 ausgeschnittenen Streifen der Länge nach doppeln und eine Stricknadel mit dem stumpfen Ende voran durch den Streifen schieben. Anschließend raffen Sie das Papier straff auf der Nadel auf. Die Nadel entfernen und aus einem großen und einem kleinen Streifen eine Blüte wickeln. Das vorbereitete Staubgefäß ebenfalls mit einarbeiten. Anfangs die Blüte stramm wickeln, danach allmählich lockerer werden. Am Blütenboden wird das überstehende Papier einfach zusammengerafft und in Form gebracht. Danach den Blütenboden mit Draht umwickeln, um der Blüte Stabilität zu verleihen. Lassen Sie 13 cm Draht stehen und umwickeln Sie den Blütenboden und den Stängel mit Kreppwickelband in Grün.

... Weiter geht es auf Seite 14

Blätter

* 2 Moosgummiplatten in Mint- und
  Moosgrün, A4
* 2 Broschennadeln
* doppelseitiges Klebeband

Hüftschmuck

* Bastelfilz in Lindgrün, 73 cm x 10 cm
* 19 Nieten, ø 5 mm
* Dekoband, 73 cm lang
* Kordel in Pink, Violett und Rosa,
  ø 3 mm, 40 cm lang
* Kordel in Hellblau, ø 5 mm, 70 cm lang
* Kordelreste, ø 3 mm, 33 cm lang
* Schmuckdraht, ø 0,4 mm
* 8 Zierblumen
* 8 gebohrte Holzkugeln, ø 1,8 cm

Hilfsmittel

* Zweikomponentenkleber
* Holzstäbchen oder Stricknadel
* Lineal
* Cuttermesser
* Pinsel
* Schere
* Nietenzange

Vorlage

Bogen A

4 Für eine Variation der Blüte schneiden Sie die gedoppelten Papierstreifen mehrfach 3 cm tief ein.

5 Die entstandenen Blumen an dem Drahtring anbringen. Dazu die Stängel der Blumen eng um den Drahtring wickeln. Je nach Kopfgröße des Trägers benötigen Sie mehr oder weniger Blumen. Hier wurde ein Ring mit 18 cm Durchmesser gewählt der 15 Blumen trägt. Zum weiteren Verzieren des Kopfschmucks mit Blattwerk, das lindgrüne Strohseideband in 15 cm lange Streifen schneiden und diese an den Drahtring knoten. Die Enden leicht zusammendrehen. Damit der Drahtring bequemer zu tragen ist, können Sie im Inneren Wollfilz anbringen.

Blütenbrosche

Die Broschenblüte stellen Sie her wie jede Blüte des Kopfschmucks. Hier ebenfalls Regenbogenstrohseide in Kombination mit Kreppapier verwenden. Schneiden Sie die Blüte am Blütenboden mithilfe einer Schere eng ab und umbinden Sie sie mit Kreppwickelband. Danach eine Broschennadel an etwas Wollfilz annähen und diesen an die Blüte ankleben. Benutzen Sie hier besonders starken Klebstoff. Wenn der Klebstoff getrocknet ist, bringen Sie die Brosche an einem Kleid Ihrer Wahl an.

Blätter

Die Blätter von der Vorlage auf Moosgummi in Mint und Moosgrün übertragen und ausschneiden. Dreimal in Vorlagengröße für das Äußere und dreimal 4 mm kleiner als das äußere Blatt für das innere Blatt. Auf der Rückseite mit starkem doppelseitigem Klebeband eine Broschennadel befestigen.

Handblume

Bei der Blume, die in der Hand mitgetragen wird, verfahren Sie wie beim Haarschmuck beschrieben. Verwenden Sie hier als Ausgangsgröße für den äußeren Papierstreifen 150 cm x 24 cm und 70 cm x 24 cm für den inneren Papierstreifen. Als Staubgefäß eine Styropor®kugel von 4 cm Durchmesser mit Acrylfarbe Metallic-Kupfer bemalen und diese in die Blume integrieren. Als Ergänzung können Sie Staubgefäße aus dem Bastelladen nutzen.

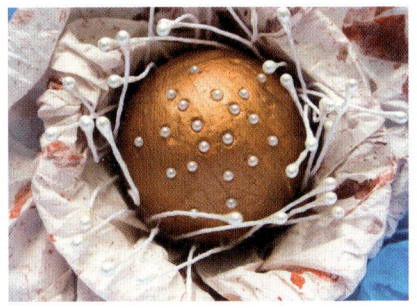

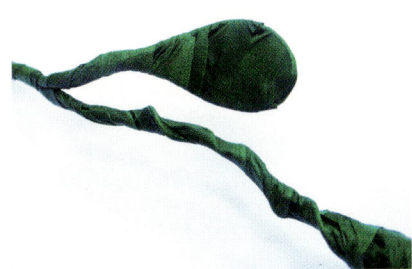

Am Stängel kann mithilfe von Draht und Krepppapierwickelband ein Blatt angebracht werden.

••• Weiter geht es auf Seite 16

Hüftschmuck

1 Um einen stabilen Gürtel zu kreieren, schneiden Sie aus Bastelfilz zwei Streifen 73 cm x 5 cm aus und kleben diese übereinander. Je nach Hüftbreite variiert der Gürtel. Hier wurde von einem Hüftumfang von 73 cm ausgegangen. Bringen Sie mithilfe einer Nietenzange 19 Nieten im Abstand von jeweils 4 cm am Gürtel an, die als stabile Basis für die Kordeln dienen. Wobei drei Nietenlöcher für den Verschluss dienen (zwei links, eins rechts) und 16 für die weiteren Applikationen.

2 Kleben Sie das Dekoband auf die obere Kante des Gürtels. Danach acht Kordeln in der Länge von 40 cm in Rosa, Violett und Pink zuschneiden und an jede zweite Niete mit einem Knoten anbringen, sodass acht Nieten besetzt sind. Auf der linken Seite zwei Nieten leer lassen, rechts eine. Dort durch Anknoten kürzere Kordelreste anbringen.

3 Führen Sie die dickere hellblaue Kordel abwechselnd von unten nach oben durch die übrigen acht Nieten. Der Gürtel nimmt jetzt richtig Gestalt an! Für die Schnürung der acht Kordeln benutzen Sie filigranen Schmuckdraht, ø 0,4 mm.

zen. Tauschen Sie nun bei den inneren beiden Paaren die Reihenfolge der Kordeln und verknoten Sie diese mit der jeweils links liegenden Kordel. Bringen Sie die acht Zierblumen aus dem Bastelladen an den Schnittpunkten an. Die freiliegenden Kordeln auf die gewünschte Länge zuschneiden und am unteren Ende als Verzierung jeweils eine Perle anbringen. Der Gürtel für ihr kleines Blumenmädchen ist nun fertig und kann jedes Lieblingskleid in ein Kostüm verwandeln!

4 Für die erste Knotenebene jeweils ein Paar Kordeln in 8 cm Abstand von der Niete aus gesehen zusammenbinden. Danach in der zweiten Knotenebene wiederum die Paare zusammenknoten, diesmal jedoch die Kordeln links und rechts außen nicht benut-

Unser Verkleidungstipp

Die Blumenmädchenaccessoires passen besonders gut zu einem langen einfarbigen Kleid. Besonders schön wirken die Blüten auf Stoff in Mauve, Pink oder Moosgrün. Stimmen Sie auch die Strumpfhose und die Schuhe darauf ab, dann wird der Auftritt hinreißend!

Sheriffstern

für Wildwest-Abenteurer

UNSER ELTERN-TIPP

Prägefolie gibt es in vielen verschiedenen Farben. Mehrere Kinder könnten Sheriffs sein und unterschiedliche Sterne tragen, deren Bedeutung z. B. in ein Spiel eingebunden werden kann.

Schwierigkeitsgrad
● ○ ○

Motivgröße
ø 10 cm

Material
* Prägefolie in Silber, 12 cm x 12 cm
* Pappe, 12 cm x 12 cm
* Grauer Tonkarton, A6
* Sicherheitsnadel
* 5 Musterklammern
* Selbstklebende Metallnieten in Blau-Metallic und Silber
* Filzstift in Schwarz

Hilfsmittel
* Schere
* Klebefilm
* Gewebeklebeband
* Seitenschneider
* Kugelschreiber
* Styropor®platte, 12 cm x 12 cm
* ggf. Drucker

Vorlage
Bogen A

Unser Verkleidungstipp
Ein Cowboyhut mit breiter Krempe, Halstuch, Weste, Karohemd und Stiefel mit knallenden Sporen, ein Revolvergürtel und ein heißblütiges (Stecken-)Pferd, die Ausstattung für einen Sheriff kann viele Facetten haben. Bärte für die Gesetzeshüter finden Sie auf Seite 46/47.

1 Schneiden Sie sich den größeren Stern mit den Falzkanten entsprechend der Vorlage aus. Übertragen Sie die Vorlage auf die Prägefolie: Fixieren Sie die Prägefolie mit Klebefilm auf einer Styropor®platte. Auf der Prägefolie platzieren Sie nun die Vorlage und fixieren diese ebenfalls. Fahren Sie nun mit einem Kugelschreiber alle abgebildeten Linien nach. Lösen Sie dann alle Teile vorsichtig voneinander und schneiden den Stern mit den Falzkanten aus der Prägefolie aus.

2 Schneiden Sie nun den kleineren Stern entsprechend der Vorlage aus Pappe aus. Legen Sie den Prägefolienstern über den Pappstern und knicken die Falzkanten des Prägefoliensterns über den Pappstern.

3 Scannen Sie nun den Kreis mit dem Sheriffschriftzug ein und drucken ihn auf grauem Tonpapier aus oder übertragen Sie ihn mithilfe von Kohlepapier auf graues Tonpapier. Schneiden Sie den Kreis aus und kleben Sie ihn auf die Mitte Ihres Sheriffsterns.

4 Verzieren Sie den Stern mit selbstklebenden Metallnieten. Für die Zacken nehmen Sie Musterklammern und knipsen mit einem Seitenschneider die Stifte an der Unterseite ab. Kleben Sie die nun verbliebenen Klammerköpfe mit starkem Kleber an die Enden der fünf Sternzacken. Alles gut trocknen lassen.

5 Auf der Rückseite bringen Sie mit Klebeband eine Sicherheitsnadel an, damit man den Sheriffstern an der Kleidung befestigen kann.

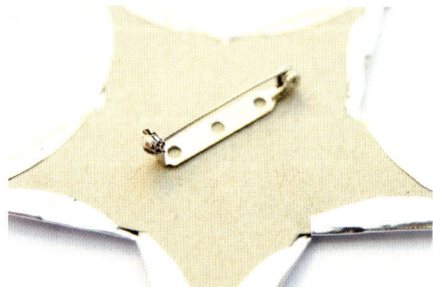

Nun noch einen Filzstift zücken und unter den Sheriffschriftzug den Namen Ihres kleinen Gesetzeshüters schreiben, der von nun an in Ihrer Stadt für Recht und Ordnung sorgen wird.

Kesses Krönchen

krönt adlige Häupter

Schwierigkeits- grad

● ○ ○

Motivhöhe

ca. 8,5 cm

Material

* Papier in Rosa-Weiß-Irisierend, A4
* Tonkarton in Rosa, A4
* Tonkarton in Flieder, A4
* 2 Halbperlen selbstklebend, ø 6 mm
* 9 Halbperlen selbstklebend, ø 4 mm
* 13 Halbperlen selbstklebend, ø 3 mm
* 16 Halbperlen selbstklebend, ø 2 mm
* Kordelband in Hellblau, 35 cm lang, ø 4 mm
* 3 Glitzerblumen in Pink, ø 1,6 cm
* Glitzerblume in Rosa, ø 1,2 cm
* 2 Glitzersteine in Pink, ø 8 mm

Hilfsmittel

* 3 Büroklammern
* UHU Alleskleber ohne Lösungsmittel

Vorlage

Bogen A

Unser Basteltipp

Auch in Grün oder Hellblau kann das Krönchen sehr schön ausse- hen. Probieren Sie zudem Verzie- rungensvarianten aus wie bei- spielsweise Stanzteile oder Glitzerstaub in Pink oder Silber an den Kanten.

1 Übertragen Sie die Vorlage für die Krone auf fliederfarbenen und rosafarbenen Tonkar- ton. Kleben Sie anschließend das irisierende Papier auf die Rückseite des rosafarbenen Tonkartons auf. Schneiden Sie mit einem Cut- termesser auf einer Unterlage das gesamte Krönchen aus — auch die tropfenförmigen Aussparungen. Der rosafarbene Tonkarton dient zur Stabilisierung des irisierenden Papiers.

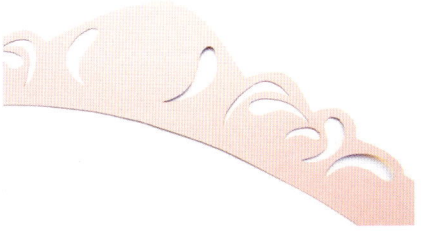

2 Schneiden Sie nun nur die Grundform des Krönchens aus dem fliederfarbenen Ton- karton aus und kleben Sie es von hinten ge- gen das Krönchen aus irisierendem Papier. Nun sehen Sie den fliederfarbenen Karton durch die Aussparungen des irisierenden Papiers.

3 Kleben Sie das hellblaue Kordelband an die Unterkante des Krönchens und kürzen Sie das Band auf den Umfang des Krönchens zurück. Nun können Sie Ihr Krönchen mit Glit-

zersteinen und Halbperlen verzieren. Zum Aufbringen eignet sich eine Pinzette, da die Steine doch sehr klein sind. Zum Schluss kle- ben Sie das Krönchen an der Klebelasche zu- sammen. Zur temporären Fixierung können Sie einige Büroklammern befestigen, bis alles getrocknet ist.

4 Sie können das Krönchen nun mit einigen Haarklammern am Kinderkopf befestigen oder mit einer Nadel vorsichtig links und rechts ein Loch bohren und transparentes Gummiband in der Größe des Kopfes hindurch fädeln. Jetzt ist Ihr Krönchen einsatzbereit. Wer möchte da nicht auch Prinzessin sein?

Unser Verkleidungstipp

Dass eine Prinzessin wallende Gewänder benötigt, versteht sich von selbst. Bei winterlichen Tem- peraturen bieten sich zudem ein Kapuzenmantel und elegante, auf das Kleid abgestimmte, Hand- schuhe an. Außerdem können etwas Lipgloss und ein klein wenig Lidschatten nicht schaden.

Todschicke Masken

Waschbär und Konsorten

Schwierigkeits-grad

● ● ●

Motivhöhe

ca. 20 cm

Material Waschbär

* Tonkarton in Grau, A4
* Tonkarton in Weiß, A5
* Styropor®kugel ø 3 cm
* Acrylfarbe in Schwarz
* Gummiband in Transparent, 60 cm lang
* Bastelfilzreste in Anthrazit, Schwarz und Weiß
* Filzstift in Schwarz

Fuchs

* Tonkarton in Orange und Vanille, A4
* Styropor®kugel ø 3 cm
* Acrylfarbe in Schwarz
* Gummiband in Transparent, 60 cm lang
* Bastelfilzreste in Schwarz
* Filzstift in Schwarz

Eule

* Tonkarton in Weinrot, A4
* Tonkarton in Rehbraun und Türkis, A5
* Tonkartonreste in Schwarz, Weiß und Vanille
* Gummiband in Transparent, 60 cm lang
* 14 Glitzersteine, ø 5 mm
* Glitzerstein, ø 1 cm
* 6 Halbspiegelperlen, ø 8 mm
* Filzstift in Schwarz

Hilfsmittel

* UHU Alleskleber ohne Lösungsmittel
* Nadel
* Schere
* Cuttermesser und Unterlage
* Pinsel
* ggf. Drucker

Vorlage

Bogen A

1 Übertragen Sie die Vorlagen auf den entsprechenden Tonkarton und schneiden Sie die Formen aus. Sehr gut geht das mit einem Cuttermesser auf einer entsprechenden Unterlage.

2 Übertragen Sie die Form der Augenmaske auf anthrazitfarbenen Bastelfilz und schneiden Sie sie aus. Verfahren Sie mit den Wimpern ebenso. Kleben Sie nun die Bastelfilzteile und die Teile aus Tonkarton Schicht für Schicht übereinander auf die Grundform.

3 Teilen Sie die Styropor®kugel mittig und malen Sie eine Hälfte mit schwarzer Acrylfarbe an. Nach dem Trocknen können Sie die halbe Styropor®kugel als Nase aufkleben. Nehmen Sie nun einen schwarzen Filzstift und zeichnen Sie Mund, Bartstoppeln und Ohren auf.

4 Zuletzt nehmen Sie eine Nadel und bohren an den Außenseiten in Augenhöhe Löcher in die Maske, um das Gummiband durchzufädeln und die Enden zu verknoten. Die Länge des Gummibandes passen Sie an die Kopfgröße Ihres Kindes an. Jetzt kann Ihr kleiner Waschbär mit dem Waschen beginnen, der Fuchs eine Gans stehlen und die Eule mit der Nachtwache beginnen ...

UNSER ELTERN-TIPP

Sie können die Vorlagen auch auf weißen Tonkarton kopieren und die Flächen von Ihrem Kind farbig ausmalen lassen. Das ist beispielsweise auf Kindergeburtstagen ein großer Spaß! Aus den fertigen Masken lassen sich dann ganz fix hübsche Girlanden auffädeln.

Over the Rainbow

knalliges Kindergruppenkostüm

1 Wie wäre es mit einem Kostüm für viele Kinder, das unendlich erweiterbar ist? Für die Sonne benötigen Sie eine runde Pappscheibe, Durchmesser 45 cm, die Sie aus starker Pappe ausschneiden. Danach einen minimal größeren Kreis aus irisierendem Papier (ø 48 cm) zuschneiden. Kleben Sie nun den Kreis aus irisierendem Papier auf den Kartonkreis, schneiden Sie kleine Zacken in den Rand und schlagen Sie das Papier an den Kanten zur Rückseite um.

2 Nun die 16 Zacken der Sonne und die Einzelteile des Sonnengesichts entsprechend der Vorlage aus Tonpapier in Schwarz, Rot, Weiß und unterschiedlichen Gelbtönen ausschneiden und mithilfe von Klebstoff an der Sonne anbringen. Kaschieren Sie abschließend die Rückseite der Sonne mit einem weiteren Kreis mit einem Durchmesser von 45 cm aus irisierendem Papier.

3 Für den Mittelteil, den Regenbogen, aus Wabenpapier sechs Mal ein Element 9 cm x 45 cm ausschneiden. Runden Sie die Wabenpapierteile an den oberen und unteren Enden mit

einer Schere ab. Kleben Sie jeweils drei Wabenpapierteile aneinander. An der obersten und der untersten Fläche bringen Sie zur Stabilisierung etwas Tonpapier auf und befestigen an einer Seite mit doppelseitigem Klebeband einen Rundholzstab.

4 Kleben Sie nun wiederum mithilfe von doppelseitigem Klebeband die Seite des Wabenpapiers an die Sonne an, die keinen Rundholzstab enthält. An der Seite mit dem Rundholzstab das andere Wabenpapier ankleben.

5 Für die Wolke werden zwei Bögen festen Kartons zu zwei unterschiedlich großen Wolken geschnitten, ca. 67 cm x 51 cm und 51 cm x 36 cm. Übertragen Sie diese Wolkenform auf Wellpappe und beziehen Sie damit den Karton.

6 Tönen Sie die Wolken mit Acrylfarbe in Weiß, Hell- und Dunkelblau ab.

7 Schneiden Sie sich acht Tropfenformen, ca. 5 cm x 7 cm, aus Kartonresten aus und bekleben diese mit Tonpapier in Hell- und Dunkelblau. Für Glanzpunkte Tonpapierreste in Weiß nutzen.

8 Bringen Sie die Tropfen mit einem Nylonfaden an den Wolken an oder bekleben Sie sie damit. Als Verzierung Epoxy Aufkleber mit Eiskristallmotiv auf die Wolken aufbringen. Befestigen Sie abschließend das Wabenpapier mithilfe von doppelseitigem Klebeband an der Rückseite der Wolken.

UNSER ELTERN-TIPP

Inszenieren Sie ein kleines Theaterstück oder einen Tanz über die Entstehung eines Regenbogens, der sichtbar wird, wenn während oder kurz nach einem Regen das Sonnenlicht auf eine Vielzahl von Regentropfen fällt. Je mehr Rundhölzer Sie zwischen dem Wabenpapier anbringen desto mehr Kinder können das Kostüm tragen und am Regenbogen teilhaben. Durch weitere Wabenpapierteile verlängern Sie den Regenbogen.

Fantastischer Feenhut

Du hast drei Wünsche frei!

Schwierigkeitsgrad

● ● ○

Motivhöhe

ca. 58 cm

Material

* Schultütenrohling,
  ø 16 cm, 58 cm hoch
* Transparentpapier in Rosé mit
  Rankenmuster, 115 g/m^2,
  40 cm x 51 cm
* Knäuel Bast in Lindgrün und
  Türkisblau
* Prägekarton in Hellblau,
  50 cm x 41 cm
* 5 Dekobänder in Pastellfarben,
  je 90 cm lang
* Papierspitze selbstklebend in
  Weiß, 50 cm lang
* Dekoband selbstklebend in
  Cremeweiß, 46 cm lang
* 14 Halbperlen selbstklebend in
  Cremeweiß, ø 6 mm
* 12 Halbperlen selbstklebend in
  Cremeweiß, ø 4 mm
* 12 Halbperlen selbstklebend in
  Cremeweiß, ø 2 mm

Hilfsmittel

* Sprühkleber
* Klebefilm oder Gewebeklebeband
* Holzstäbchen
* Lineal
* Cuttermesser

Vorlage

Bogen B

1 Um sich das Basteln des Feenhutes zu erleichtern, nehmen Sie einen Schultütenrohling (ø 16 cm) und kürzen ihn auf 58 cm. Falls Sie keinen Rohling zur Hand haben, benutzen Sie die Vorlage auf Bogen B. Kleben Sie die Längsseiten zu einer konischen Form zusammen. Benutzen Sie diese Vorlage auch, um aus starkem Transparentpapier eine Ummantelung für die oberen 48 cm des Feenhuts anzufertigen. Danach entsprechend der Vorlage den blauen Prägekarton für die obere und die untere Applikation ausschneiden und mithilfe von Sprühkleber auf dem Hut fixieren.

2 Stechen Sie rechts und links jeweils 2 cm über dem unteren Rand ein kleines Loch in den Hut, durch das Sie das pinkfarbene Dekoband ziehen und verknoten – es dient später als Kinnband.

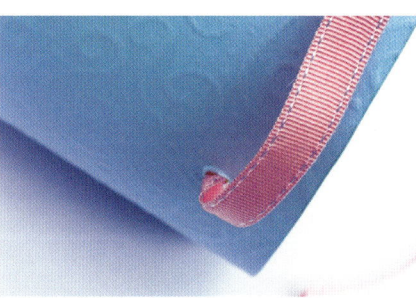

3 Anschließend den Naturbast in Lindgrün und Türkisblau zu einem Zopf flechten und mit Klebstoff an der Hutkrempe fixieren. Zur temporären Fixierung sollten Hilfsmittel wie Klammern oder Haarnadeln benutzt werden.

4 Stechen Sie mit einem Holzstab von innen durch die Spitze des Feenhuts. In das Loch schieben Sie die fünf unterschiedlichen Dekobänder und befestigen diese von innen mit Klebeband.

Unser Basteltipp

Wenn Sie einen besonders prachtvollen Hut bekommen möchten, der sich so natürlich auch für Burgfräulein eignet, verzieren Sie ihn außerdem noch mit Washi Tape und Dekostickern in Edelstein- oder Perloptik. Bei diesem Arbeitsschritt hilft die kleine Fee sicher gerne!

5 Verzieren Sie nun die Übergänge von Prägekarton zu Transparentpapier mit selbstklebender Papierspitze und kleben kleine Glitzersteinchen auf. Ihre kleine Fee wird begeistert sein, so märchenhaft schön ist dieser Hut!

Wilder Wikinger

bringt fette Beute für die Partymeute

Helm

1 Das Schild der Mütze mithilfe einer Schere abschneiden. Sie erhalten eine optimale Grundform zum Basteln einer schicken Wikingerkopfbedeckung.

2 Aus starkem Tonpapier in Gold einen Kreis von 25 cm Durchmesser ausschneiden und in acht gleiche Teile zerteilen. Die Spitzen der entstanden Dreiecke mit dem Locher einstanzen. Danach eine Musterklammer durch die Löcher führen und hinten aufspreizen. Den so entstandenen Fächer zu einem Kreis ausbreiten und die unteren Enden mithilfe von Musterklammern an der Schildmütze fixieren.

3 Schneiden Sie einen Streifen von 65 cm x 7 cm aus der naturfarbenen Wellpappe aus und befestigen Sie diesen mithilfe von Musterklammern an der Schildmütze. Sie können an der oberen Kante der Wellpappe weitere Musterklammern zur Verzierung anbringen.

4 Die Styropor®kegel mit Acrylfarbe in Metallic-Kupfer anmalen und trocknen lassen. Danach auf die Kopfbedeckung kleben an der Stelle, wo sich bei einem echten Wikingerhelm die Hörner befinden würden. Auch hier zur Verzierung ein paar kleine Nägel einarbeiten. Verschönern Sie die Kopfbedeckung mit weinroten Kordeln, die an den Ansätzen der Styropor®kegel angebracht werden und diese umranden.

5 Die Lederapplikation besteht aus zwei ineinander gedrehten Lederbändern die hinten mit Gewebeband fixiert sind. Kleben Sie diese an die Kopfbedeckung und verzieren Sie die Mitte mit einem Stein.

Schild

1 Schneiden Sie einen Kreis mit einem Durchmesser von 34 cm aus starkem Karton aus. Diesen mit einem zweiten Kreis aus Wellpappe von 34 cm Durchmesser bekleben.

2 Schneiden Sie nun zwei Kreise (ø 19 cm) aus goldenem und braunem Tonpapier aus. Den braunen Kreis in vier gleichgroße Teile zerschneiden und zwei Teile mithilfe von Klebstoff auf dem goldenen Kreis aufbringen.

3 Teilen Sie die vier Styropor®kugeln in der Mitte und bemalen Sie die Halbkugeln mit Acrylfarbe in Metallic-Kupfer. Danach werden diese mithilfe von Klebstoff auf das Wikingerschild geklebt.

4 Bringen Sie auf dem Wikingerschild wie beim Helm eine Lederapplikation an, indem Sie die Lederbänder spiralförmig ineinander verdrehen und mittig einen Stein aufkleben.

5 Zum Abschluss einen Griff an der Rückseite des Schildes anbringen. Sie können hierfür Lederreste oder starke Pappe benutzen.

Fußaccessoires

Den Bastelfilz um die Schuhe schlagen und mit der Kordel befestigen. Schon sehen die Wikingerfüße aus wie in mittelalterliche Fußlappen gehüllt.

Motivhöhe

Helm 18 cm hoch, ø 19 cm

Schild ø 34 cm

Material
Kopfbedeckung

* Schildmütze, ø 17 cm
* Starkes Tonpapier in Gold, A3
* Musterklammer
* Wellpappe in Natur,
  65 cm x 7 cm
* 2 Styropor®kegel, ø 7 cm,
  11 cm hoch
* kleine Nägel in Gold,
  1 mm x 10 mm
* Acrylfarbe in Metallic-Kupfer
* Lederbandreste in Orange und
  Gelb, ø 2 mm, 25 cm lang
* Kordelreste in Weinrot , ø 4 mm,
  45 cm lang
* Stein
* Gewebeband

Schild

* Starker Karton, ø 34 cm
* Wellpappe in Natur, ø 34 cm
* Tonpapier in Braun, ø 19 cm
* Tonpapier in Gold, ø 19 cm
* 4 Styropor®kugeln, ø 3 cm
* Acrylfarbe in Metallic-Kupfer
* Lederbänder in Orange und
  Gelb, ø 2 mm, 50 cm lang
* Stein
* Lederreste, 15 cm x 2 cm

Fußaccessoires

* 2 Bastelfilzbogen in Hellbraun,
  70 cm x x70 cm
* Kordel in Weinrot, 1,5 m lang

Hilfsmittel

* Schere
* Cuttermesser
* Pinsel
* Locher
* UHU Alleskleber ohne
  Lösungsmittel

Drachenkappe

Ich will dich fressen!

UNSER ELTERN-TIPP

Machen Sie eine ganze Drachen-Party und servieren Sie den kleinen Drachen die, bei Kindern und Raubreptilien, beliebte Speise „Arme Ritter".

Motivhöhe

ca. 17 cm x 25 cm x 13 cm,
Schwanz ca. 90 cm

Material

* 2 Gipsbinden
* 4 Bastelfilzstücke in Hellgrün, A4
* Bastelfilz in Grün, A4
* Bastelfilz in Hellgrün,
  ca. 1 m x 5 cm
* Bastelfilzreste in Weinrot, Rot,
  Hellblau, Türkis, Lila, Schwarz
  und Weiß
* 2 Wattebälle, ø 10 cm
* Styropor®kugel, ø 3 cm
* Gummiband in Transparent,
  60 cm lang
* 2 Blumendrahtstücke, 20 cm lang
* Acrylfarbe in Grün
* Luftballon

Hilfsmittel

* UHU Alleskleber SUPER
* Bastelleim
* Schere
* Schneidermaßband
* Cuttermesser
* Pinsel
* starke Nadel
* gegebenenfalls Seitenschneider

Vorlage

Bogen A

Unser Verkleidungstipp

Schminken Sie Ihren gefährlichen Drachen mithilfe von Kinder-schminke: Toll sind mit Klauen bemalte Hände und Füße und ein grünes Gesicht! Wie Sie eine Kin-derstrumpfhose umgestalten kön-nen, sehen Sie auf Seite 48/49.

1 Stellen Sie sich mithilfe einer Schere, Was-ser, einem Luftballon und zwei Gipsbinden eine Grundform für den Hut her, wie in der allgemei-nen Anleitungen auf Seite 4 beschrieben.

2 Schneiden Sie nun von den beiden Watte-kugeln mit dem Cuttermesser ungefähr ein Drit-tel gerade ab. Kleben Sie die größeren Teile als Augen auf die Gipsgrundform. Benutzen Sie dafür starken Klebstoff und fixieren Sie die Wat-tekugeln mit einigen Stecknadeln, die Sie vor-sichtig durch die Kugel und den Gips bohren. Wenn alles gut getrocknet ist, können Sie die Stecknadeln behutsam wieder herausziehen.

3 Schneiden Sie nun aus einem halben dun-kelgrünen und drei hellgrünen Bastelfilzbögen rechteckige Drachenschuppen. Diese Teile kle-ben Sie rundherum mit Bastelleim auf den Gips. Arbeiten Sie sich reihenweise vor und beginnen Sie dabei an der Unterkante der Gipsform. Streichen Sie jeweils immer nur die Hälfte der Rechtecke ein.

4 Schneiden Sie aus Filzresten die Pupillen zu und bringen Sie sie auf den Watteaugen an.

5 Wickeln Sie nun einen Strang hellgrünen Bastelfilz um den Blumendraht und drapieren Sie den ummantelten Draht um die Watteku-geln, an der Stelle, an der sich das untere Lid befindet. Verdrehen Sie den Draht hinten und schneiden Sie die überstehenden Enden mit einem Seitenschneider kurz. Verkleiden Sie die

Hälfte der Wattekugeln mit grünem Bastelfilz und etwas Bastelleim.

6 Anschließend schneiden Sie die Drachen-ohren und die Wimpern entsprechend der Vor-lage aus Bastelfilz aus und bringen diese eben-falls an den Wattekugeln an. Hier können Sie die Teile wieder temporär mit Nadeln fixieren, bis alles getrocknet ist.

7 Während die Bastelfilzteile am Drachenkopf trocknen, können Sie schon den hellgrünen Filz-streifen nehmen und in der Mitte vorfalzen. Schneiden Sie Dreiecke aus den farbigen Filz-resten aus und legen Sie diese jeweils doppelt in die Falzkante des Filzstreifens, wo Sie sie mit Bastelleim fixieren. Diesen Drachenschwanz kleben Sie am Oberkopf zwischen den Drachen-augen mit Bastelleim an.

8 Teilen Sie abschließend die kleine Styro-por®kugel in der Hälfte und malen Sie die ent-standenen Teile mit grüner Acrylfarbe an. Kleben Sie die getrockneten Hälften als Nasenlöcher vorn auf. Wenn der ganze Drachenkopf gut durchgetrocknet ist, bohren Sie mit einer Nadel links und rechts in Augenhöhe je ein kleines Loch, durch welches Sie das Gummiband ziehen und verknoten, damit der Drachenhut besser auf dem Kinderkopf hält.

9 Um den Drachen zu „frisieren", eignet sich Haarspray. Sprühen Sie vorsichtig und mit Ab-stand jeweils gegen die Einzelteile. Ihr frecher Drachen ist nun fertig und kann sogleich als Prinzessinnenbewacher zum Einsatz kommen.

Tapferer Indianer

auf dem Kriegspfad

Schwierigkeitsgrad
● ● ●

Material
Oberteil
* T-Shirt in Braun (4 Kleidergrößen größer als das Kind eigentlich trägt)
* Papierbast in Lila, Türkis, Grün und Pink
* Moosgummi in Hellbraun, A5
* Moosgummi in Blau, A5
* Garn

Hose
* T-Shirt in Braun (zum Zerschneiden) oder entsprechende Menge Jerseystoff
* Papierbast in Lila, Türkis, Hellgrün und Pink
* Moosgummi in Hellbraun, A5
* Moosgummi in Blau, A5

Friedenspfeife
* Rundholzstab ø 8 mm, ca. 50 cm lang
* Papierkordel in Türkis und Weinrot
* Papierdrahtreste in Orange
* Chenilledraht, ca. 50 cm lang
* 2 Holzperlen in Rot, ø 1 cm
* 2 Holzperlen in Natur, ø 1,2 cm
* 4 bunte Indianerfedern
* Acrylfarbe in Braun
* Moosgummireste in Braun
* Kordelband in Hellblau, ø 5 mm, ca. 19 cm lang
* Styropor®kugel, ø 10 cm

Oberteil

1 Schneiden Sie das T-Shirt seitlich mehrfach ein (Jersey hat den Vorteil, dass man keine Säume vernähen muss, weil der Stoff nicht ausfranst).

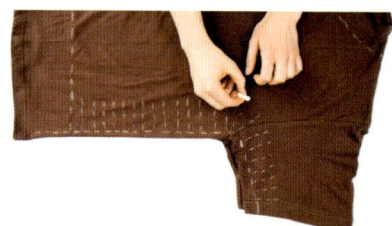

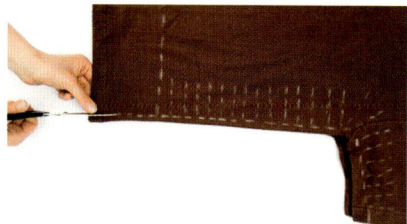

Nehmen Sie die eingeschnittenen Jerseystreifen an der Seite und ziehen Sie sie behutsam in die Länge, dadurch rollt sich der Stoffstreifen zu einem Band zusammen.

Knoten Sie die so entstandenen Bänder aneinander; immer ein Band von der oberen Stofflage mit dem darunter liegenden Band aus der unteren Stofflage. Wenn Sie alles richtig gemacht haben, haben Sie die beiden

T-Shirtteile wieder deckungsgleich miteinander verbunden.

2 Knoten nun Sie Papierbast in verschiedenen Farben schlingenartig in die Jerseyknoten des T-Shirts hinein. Machen Sie dies in gleichmäßigen Abständen entlang der Knotenkanten und stutzen Sie den Papierbast anschließend auf gleiche Länge.

3 Schneiden Sie nun aus Moosgummi die 18 quadratischen Spiralen zu: Dazu nehmen Sie ein Moosgummiquadrat und schneiden eine Spirale entlang des Quadrats hinein.

Wenn Sie die eingeschnittene Strecke nun noch einmal nachschneiden, erhalten Sie automatisch die Aussparungen der Linie und ein zweites Moosgummiteil.

Sie können in der Größe der Moosgummiquadrate variieren, das verleiht dem Kostüm ein natürliches Aussehen. Schneiden Sie gleich mehrere Moosgummiteile zu, denn für die Hose benötigen Sie diese ebenfalls. Kleben Sie die Teile nun an den Kanten des T-Shirts, also am Halsausschnitt, an der Unterkante und an den Ärmeln auf.

Hose

1 Schneiden Sie entsprechend der Vorlage zwei Hosenteile aus (ggf. der Größe Ihres Kindes anpassen). Im Schrittzwickel müssen Sie die Teile zusammennähen.

2 An den Außenkanten machen Sie wie beim Oberteil Einschnitte, die Sie verknoten. Die jeweils obersten zwei Einschnitte am Bund können Sie vorerst ungeknotet lassen und Sie dann entsprechend miteinander verbinden, wenn das Kind die Hose am Schluss anzieht. Alternativ können Sie auch Gummilitze in den Bund nähen.

3 Knoten Sie Papierbast in die Jerseyknoten, den Sie schlingenartig um die Jerseyknoten legen und fixieren. Stutzen Sie den Papierbast auf gleiche Längen.

4 Kleben Sie anschließend spiralförmige Moosgummiteile an den unteren Hosensaum.

••• **Weiter geht es auf Seite 34**

Unser Verkleidungstipp

„Apache, Squaw und Irokese, wir machen heut' 'ne Polonaise!" Malen Sie Ihrem Indianer mit etwas Kajal und Lippenstift oder etwas Kinderschminke die typische Kriegsbemalung auf. Und besorgen Sie ein Tomahawk für den kleinen Krieger!

Kopfschmuck

* 15 Indianerfedern in Türkis
* 15 Indianerfedern in Dunkelblau
* 20 Indianerfedern in Orange
* 10 Indianerfedern in Rot
* 4 Chenilledrahtstücke, 50 cm lang
* Papierband in Türkis und Weinrot
* 8 Holzperlen in Rot, ø 1 cm
* 8 Holzperlen in Natur, ø 1,2 cm
* dicker Bastelfilz, 48 cm x 10 cm
* Gummilitze, 9 cm lang
* 21 Halbspiegelperlen, ø 8 mm
* Acrylfarbe in Petrol
* Styropor®kugel, ø 10 cm
* Tonkartonreste in Türkis
* Zackenlitze in Hellgrün, 48 cm lang
* Knopf, ø 1 cm
* Garn

Hilfsmittel

* Garn
* UHU Alleskleber SUPER
* Stecknadeln
* Wäscheklammern
* Schere
* Klebefilm
* Nadel
* Pinsel
* Kreide
* ggf. Nähmaschine

Vorlage

Bogen B

Kopfschmuck

1 Nehmen Sie sich zunächst den dicken hellbraunen Bastelfilz zur Hand und nähen Sie rechts oben die Gummilitze fest.

2 Legen Sie sich eine Reihe mit türkisfarbenen und dunkelblauen Federn und eine Reihe mit orangefarbenen und roten Federn. Die Federreihen mit Klebefilm fixieren, bis sie endgültig verklebt werden.

Kürzen Sie die Federkiele mit einer Schere auf gleiche Länge. Nehmen Sie nun die Federreihen und legen Sie diese versetzt auf den Bastelfilz. Den Bastelfilz knicken Sie in der Mitte, sodass er nur noch 48 cm lang und 5 cm hoch ist. Wenn Sie alles richtig gemacht haben, liegen die Federn nun im Falz des Bastelfilzes. Fixieren Sie die Federn im Falz mit viel UHU Alleskleber und beschweren die Klebestelle mit einem Buch bis alles trocken ist.

3 Verzieren Sie das Band nun mit der Zackenlitze in Hellgrün, die Sie ebenfalls einfach aufkleben und mit Nadeln fixieren können.

4 Nehmen Sie anschließend den Chenilledraht zur Hand und umwickeln Sie ihn fest mit aufgetrennter Papierkordel. Die jeweiligen Enden können Sie mit etwas Klebstoff befestigen. Schieben Sie über die Enden nun die Perlen. Jeweils eine kleine Rote und eine große Naturfarbene, sodass etwa noch 1 cm Draht am Ende sichtbar ist. Schieben Sie nun jeweils zwei Federn von unten in die Löcher der Perlen. Eventuell müssen Sie die Federkiele dazu etwas schmaler schneiden. Fixieren Sie das Ganze mit Klebstoff und umwickeln Sie ein Stück der Federschäfte mit aufgetrennter Papierkordel.

5 Wenn alles trocken ist, können Sie die Chenilledrähte mittig knicken und an der geknickten Stelle an den Federkranz annähen. Nähen Sie jeweils zwei Drähte von hinten zusammen an den Filz des Federkranzes. Die

Abstände müssen Sie am Kindergesicht abmessen.

6 Halbieren Sie die Styropor®kugel mit einem Cuttermesser und malen Sie die Hälften mit petrolfarbener Acrylfarbe an. Aus türkisfarbenen Tonkartonresten schneiden Sie sich zwei Spiralen, die Sie zur Verzierung jeweils auf die Styropor®halbkugeln kleben. Die fertigen Styropor®halbkugeln kleben Sie mit starkem Klebstoff an die Stellen, an der der Chenilledraht rückseitig befestigt ist.

7 Kleben Sie abschließend die 21 Halbspiegelperlen unter der Zackenlitze fest. Zuletzt müssen Sie einen Knopf oben an der Seite an den Bastelfilz nähen und in die Gummilitze einen Spalt schneiden, der der Größe des Knopfes entspricht. Sie können den Kopfschmuck dadurch wie Kleidung öffnen und schließen. Das hat den Vorteil, dass man ihn flach aufbewahren kann und, dass der Kopfschmuck Ihrem Indianer einige Jahre passt, denn der Bastelfilz allein würde sich nicht mit der Größe des Kopfes mitdehnen.

Friedenspfeife

1 Umwickeln Sie einen Rundholzstab mit aufgetrennter Papierkordel in Türkis. Fixieren Sie die Papierkordel mit Klebstoff. Nehmen Sie etwas Papierkordel in Weinrot und wickeln Sie sie an einigen Stellen ebenfalls um den Rundholzstab. Wickeln Sie einige Zentimeter sehr dicht, an anderen Stellen in

großen Abständen oder gekreuzt. Nehmen Sie dann den Papierdraht in Orange und verfahren Sie ebenso. Die Enden der Wickelbänder mit etwas Klebstoff fixieren und temporär mit Klammern befestigen, bis alles gut durchgetrocknet ist.

2 Stellen Sie sich nun wieder einen umwickelten Chenilledraht mit Perlen und Federn her, wie schon beim Kopfschmuck. Messen Sie das erste Drittel des Rundholzstabs aus. Den Chenilledraht können Sie hier mittig ein- bis zweimal um den Rundholzstab wickeln und festkleben.

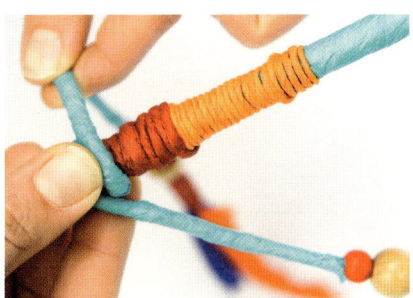

3 Nun halbieren Sie die Styropor®kugel mit einem Cuttermesser und malen sie braun an. Aus einem braunen Moosgummirest schneiden Sie sich einen Kreis im Durchmesser der Styropor®kugel und kleben ihn auf die Schnittfläche der Styropor®kugel. Kaschieren Sie die Kante mit einem Stück hellblauer Kordel. Die Kordel sollten Sie bis zum Durchtrocknen des Klebstoffs mit Stecknadeln fixieren.

4 Kleben Sie die Styroporhalbkugel nun mit starkem Klebstoff mittig auf das erste Drittel des Rundholzstabs.

Erdbeerfeenstab

Zauberstab für freche Früchtchen

1 Bemalen Sie den Rundholzstab mit grüner Acrylfarbe.

2 Während der Stab trocknet, übertragen Sie die Vorlagen für die Erdbeere und den Erdbeerstiel auf Bastelfilz und schneiden die Formen aus. Legen Sie die Erdbeerteile übereinander und kleben Sie sie an den Außenkanten zusammen. Achten Sie darauf, die untere Spitze der Erdbeere nicht zusammen zu kleben, um später den Rundholzstab hinein stecken zu können.

3 Wenn die Erdbeere getrocknet ist, kleben Sie die gelbgrünen Glitzersteine auf, jeweils 20 auf Vorder- und Rückseite.

4 Binden Sie die Dekobänder zu etwa 5 cm unterhalb des Stabendes an den Rundholzstab. Wickeln Sie weinrotes Papierband unterhalb der Knoten um den Stab. Fixieren Sie das Papierband mit starkem Klebstoff. Nun können Sie über das Papierband noch selbstklebende Spitze kleben.

5 Füllen Sie etwas Bastelwatte in das Innere der Erdbeere, ggf. können Sie die Bastelwatte mit einem Stift nachschieben.

Stecken Sie nun die Filzerdbeere probeweise auf den Stab.

Wenn die Erdbeere gut sitzt und bündig zu den Bändern ist, nehmen Sie die Erdbeere wieder ab und tragen dort, wo die Erdbeere sitzen soll, Klebstoff auf. Stecken Sie nun die Filzerdbeere vorsichtig wieder auf den Stab. Alles gut trocknen lassen. Fertig ist der bezaubernde Feenstab!

Schwierigkeitsgrad

● ○ ○

Motivhöhe

ca. 50 cm

Material

* Rundholzstab, ø 8 mm
* Bastelfilz in Rot, A5
* Filzrest in Hellgrün
* 40 Glitzersteine in Gelbgrün, ø 4 mm
* Satinband in Hellgrün und Vanille, 80 cm lang, 4 mm breit
* Satinband in Rot mit weißen Tupfen, 80 cm lang, 4 mm breit
* Zackenlitze in Hellgrün, 80 cm lang
* Nähfaden in Silber mit grünen Pailletten, 80 cm lang
* Acrylfarbe in Grün
* Papierbandreste in Weinrot
* Spitzenreste selbstklebend in Weiß
* Bastelwattereste

Hilfsmittel

* Schere
* Stift
* Pinsel
* UHU Alleskleber ohne Lösungsmittel

Vorlage

Bogen A

Wolliges Schäfchen

Nichts für brave Lämmer!

Schwierigkeits-grad

● ● ●

Material

* schwarzes Shirt (sollte über das Gesäß reichen) mit langen Ärmeln
* dünne Baumwollmütze (eine Nummer zu groß) in Wollweiß
* Bastelfilz in Grau, A5
* Garn in Weiß
* 2 Bögen Moosgummi in Weiß, A4
* mind. 500 g Bastelwatte (je nach Größe des Kindes auch mehr

Hilfsmittel

* Nadel
* Haarspray
* Schere)
* UHU Alleskleber SUPER

Vorlage

Bogen A

Unser Verkleidungstipp

Das kleine Schaf sollte schwarze Leggins tragen – sehr süß ist die Verkleidung, wenn Sie eine kleine Schafsnase mit schwarzem Schminkstift ins Kindergesicht zeichnen.

Schafskopf

1 Formen Sie aus der Bastelwatte Kugeln und Halbkugel in unterschiedlicher Größe (ø 5 cm – 17 cm). Einige Bastelwatten lassen sich leicht zwischen den Händen rollen und andere lassen sich besser in Form krempeln.

Wenn Sie 20 Kugeln und Halbkugeln geformt haben, legen Sie sie aus und besprühen sie behutsam mit Haarspray, um sie etwas zu fixieren. Lassen Sie alles gut trocknen.

2 Beginnen Sie damit, die Kindermütze mit den Bastelwatteteilen zu benähen (oder bei Zeitmangel auch zu bekleben). Am besten gehen Sie spiralförmig vor und nähen die Kugeln mit etwa sechs Stichen fest. Die Mütze sollte etwas größer sein als der Kinderkopf, weil sie

durch das Benähen an Dehnbarkeit einbüßt. Drücken Sie die Bastelwatte etwas in Form.

3 Aus grauem Bastelfilz die Ohren entsprechend der Vorlage ausschneiden. Nähen Sie diese seitlich an die Mütze.

4 Nun schneiden Sie aus Moosgummi kreisrunde Spiralen aus.

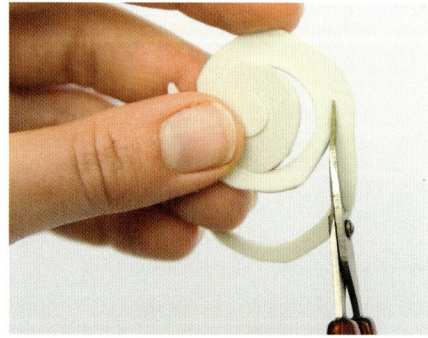

Wenn Sie das Moosgummi spiralförmig einschneiden und anschließend diese Spirale noch einmal versetzt schneiden, entstehen automatisch zwei Spiralen und dadurch, dass es quasi zwei Gegenstücke sind, haben Sie auch gleich die Aussparungen geschnitten.

●●● **Weiter geht es auf Seite 40**

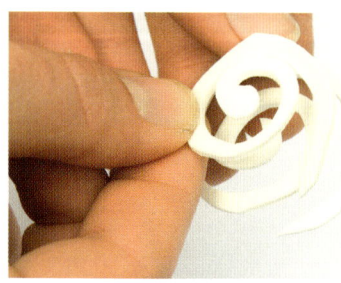

Schneiden Sie 17 Moosgummispiralen in unterschiedlichen Größen aus und kleben Sie die Spiralen auf die Watteteile auf, das unterstreicht die Lockenoptik ihres Schafes. .

Schafskörper

1 Hier verfahren Sie mit der Bastelwatte und dem Moosgummi wie bereits bei der Kopfbedeckung beschrieben. Sie benötigen etwa 67 Wattekugeln und 20 Spiralen.

2 Nehmen Sie sich nun ein Shirt zur Hand. Auch das Shirt sollte etwas größer sein als Ihr Schaf sonst so seine Shirts trägt, denn auch das Shirt büßt an Dehnbarkeit ein. Es sollte über den Kinderpo reichen. Heften Sie die Bastelwatte auf das Shirt. Das tun Sie rundherum bis der ganze Körper bedeckt ist, die Arme bleiben frei. Je mehr die Größe der Kugel variiert umso lustiger sieht es aus.

3 Besonders rundlich wird Ihr Schaf, wenn Sie an den Seiten dickere Bastelwattekugeln aufnähen. Verzieren Sie auch den Schafskörper, indem Sie Moosgummispiralen aufkleben.

Hinweis

So schön das Schäfchen ist, bedenken Sie, dass dies kein Kostüm ist, das sich für sommerliche Kostümpartys eignet, da die Bastelwatte sehr gut wärmt.

Orientalische Schönheit

1001 Nacht zum Selbermachen

Schwierigkeitsgrad

● ● ●

Material
Moosgummiarmband

* Gummiband transparent, ca. 20 cm lang
* Moosgummi in Rosa und Pink, A4
* 12 Holzperlen in Braun, Türkis, Hellblau und Gelb, ø 1 cm

Papier- und Bronze-perlenarmband

* Gummiband transparent, ca. 20 cm lang
* Prägefolie in Bronze, A5
* Tonkarton (220 g/m³) in Flieder und Türkis, A5

Filzarmband

* Filzreste in Türkis
* Schmuckdraht in Silber
* 10 Rocailles in Lieblingsfarben, ø 2,6 mm

Ohrringe und Ring

* Dicker Bastelfilz in Rot (Rest)
* 3 Filigrane Blumenaufkleber in Schwarz
* Ringrohling
* Ohrringhaken
* 2 selbstklebende Halbperlen in Cremeweiß, ø 4 mm
* Halbrunder Glitzerstein in Silber, ø 5 mm
* Prägefolienrest, ø ca. 1,5 cm

Moosgummiarmband

1 Für ein farbenfrohes Moosgummiarmband kleben Sie zwei verschiedenfarbige Moosgummiplatten mithilfe von Moosgummikleber aufeinander. Teilen Sie die Platten mittig und kleben Sie sie erneut übereinander, so entsteht der gestreifte Effekt. Zum Verteilen des Klebers eignet sich ein Kartonrest mit dem Sie die Masse gleichmäßig auf den Moosgummiplatten verstreichen.

2 Nach einer kurzen Trocknungszeit kleine Vierecke ausschneiden.

3 Fädeln Sie abwechseln ein Moosgummielement und eine Holzperle auf ein transparentes Gummiband. Die Enden des Gummibands miteinander verknoten.

Filzarmband

1 Ein Stück Filz in Türkis entsprechend dem Umfang des Kinderhandgelenks zu einem langen Streifen schneiden und mit den Fingern zusammendrehen wie in der Abbildung gezeigt.

2 Fixieren Sie den eingedrehten Filz mit Schmuckdraht in Silber, indem Sie ihn mehrfach umschlagen.

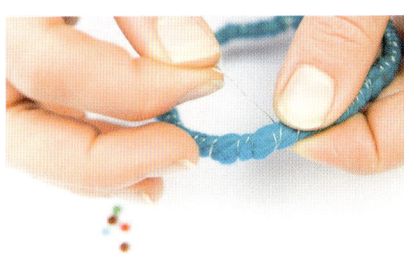

Zur Verzierung Rocailles auf den Draht auffädeln und ebenfalls um das Filzgrundgerüst wickeln.

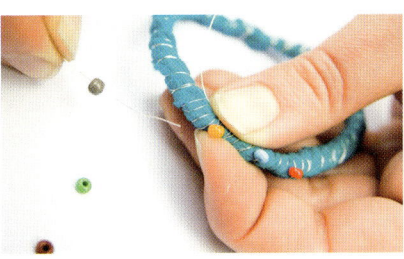

••• **Weiter geht es auf Seite 42**

Papier- und Bronzeperlenarmband

1 Aus Prägefolie in Bronze und Tonkarton in Flieder und Türkis lange Dreiecke nach Vorlage ausschneiden. Die Anzahl richtet sich nach dem Umfang des Handgelenks.

2 Diese Dreiecke jeweils mit Klebstoff beträufeln und nach innen hin aufrollen. Als Hilfsmittel benötigen Sie ein Schaschlikstäbchen, damit im Innern der Papierperle ein Loch zum Auffädeln bleibt.

3 Sind die Perlen getrocknet, abwechselnd eine Perle aus Tonkarton oder Prägefolie auf

transparentes Gummiband auffädeln bis die gewünschte Länge des Armbands erreicht ist.

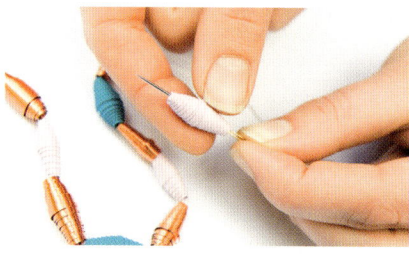

Ohrringe

Starke Bastelfilzreste in Rot zu zwei Kreisen mit einem Durchmesser von jeweils 3 cm zuschneiden. Zum Verzieren der Ohrringe eignen sich wunderbar florale Motivaufkleber in Schwarz. Das Zentrum ziert eine Halbperle.

Daran die Ohrringhaken befestigen. Eine Schmuckzange erleichtert Ihnen diesen Schritt.

Ring

1 Für den Ring ebenfalls einen Kreis aus starkem, rotem Bastelfilz ausschneiden (ø 3 cm) und mithilfe von Klebstoff an den Ringrohling kleben. Auf diesem Filzkreis bringen Sie zur Verschönerung einen schwarzen floralen Motivaufkleber an.

2 Darüber mithilfe von starkem Klebstoff einen kleineren Kreis (ø 1,5 cm) aus Prägefolie aufkleben. Als weiteres Zierelement kleben Sie abschließend einen halbrunden Glitzerstein in Silber auf den Prägefolienkreis. Schon haben Sie einen orientalisch anmutenden Ring gezaubert!

Sari

1 Meterware sollten Sie an den Außenkanten umsäumen, bzw. mit einer Zick-Zackschere abschneiden, um ein Auftrennen zu verhindern. Geeignet ist leichter Stoff, der schön fällt, wie z. B. Organza, Taft, Viskose, Seide oder Baumwoll-Popeline. Je größer Ihre Inderin ist, desto länger muss die Stoffbahn sein. Wenn Sie lediglich eine Stoffhöhe von 0,75 m benötigen, weil Ihr Kind vom Knöchel bis zur Taille nicht größer ist, dann können Sie auch 2 m Stoff in der Mitte teilen und aneinander nähen.

••• **Weiter geht es auf Seite 44**

Sari

* Stoff mit Stickereien in Rot, 4 m x 0,75 m (bei großen Kindern mehr Stoff)
* Zierband in Fuchsia, 4 m lang
* Garn in Rot
* 4 Sicherheitsnadeln

Hennatattoo

* Haarspray
* Kajalstift oder Schminktusche in Schwarz oder Rotbraun (alternativ: Tattoo-Transferfolie)

Hilfsmittel

* Holzstäbchen
* Schere
* Nähnadel
* Zange
* ggf. Nähmaschine
* UHU Alleskleber ohne Lösungsmittel
* Moosgummikleber
* Schmuckzange

Vorlage

Bogen B

2 Nähen Sie an die Kante, die unten hängen soll, ein Zierband auf.

3 Schon geht es an das Wickeln des Saris: Nehmen Sie sich ein Ende der Stoffbahn vor und legen Sie diese hinter dem Kind in Taillenhöhe an. Der lange Rest hängt auf der rechten Seite des Kindes herunter.

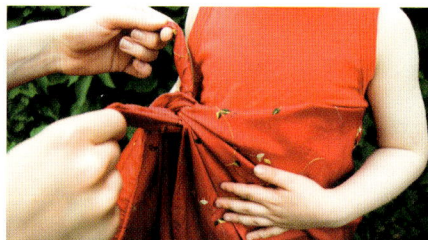

4 Führen Sie das linke Ende nun vor dem Bauch ebenfalls auf die rechte Seite und machen Sie mit dem oberen Zipfel des Stoffes einen festen Doppelknoten aus dem Zipfelstück und dem langen verbleibenden Stoff rechts. Der Stoff sollte recht fest um die Taille liegen. Das Kind trägt nun einen Rock mit Schlitz auf der rechten Seite.

5 Nehmen Sie nun die lange Stoffbahn und führen Sie diese vor dem Kind auf die linke Seite. Links legen Sie den Stoff nun in fünf Ziehharmonikafalten, die Sie in die bereits gebundene Stoffbahn in Taillenhöhe einkrempeln. Wenn der gefaltete Stoff sehr rutschig erscheint, fixieren Sie das Ganze mit einer Sicherheitsnadel.

6 Sie haben nun einen Rock der vorn zweilagig ist und auf der linken Kinderseite einen schönen Faltenwurf hat. Die restliche Stoffbahn liegt nun auch links neben dem Kind. Nehmen Sie diese Stoffbahn und schlingen Sie den Stoff hinter dem Kind in Taillenhöhe entlang bis Sie wieder bei Ihrem ersten Knoten auf der rechten Seite sind. Nun ist der Rock rundherum zweilagig.

7 Den verbleibenden Stoff legen Sie wieder in fünf Falten (ziehharmonikamäßig) und führen Ihn vor dem Kind entlang über die gegenüberliegende linke Schulter. Auch die fünf Falten müssen Sie unter Umständen mit einer Sicherheitsnadel fixieren und mit einer weiteren Sicherheitsnadel am T-Shirt in Schulterhöhe befestigen.

8 Nun ist ein Rock zu sehen und der Oberkörper ist von rechts unter dem Arm bis links quer über die Schulter bedeckt. Das lange Stoffende hängt hinten über der Schulter herunter.

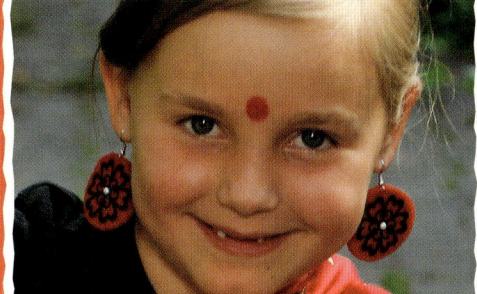

Hennatattoo

Malen Sie mit einem schwarzen oder braunen Kajal- oder Schminktuschestift ausgewählte Motive vom Vorlagenbogen auf die
Finger, Hände, Fußknöchel oder den Hals und
die Schläfe Ihres Kindes auf. Sie können die
Motive beliebig variieren und miteinander
verbinden. Wenn Ihr Hennatattoo fertig ist,
besprühen Sie die Stellen vorsichtig mit
Haarspray, damit die Bemalung etwas fixiert
ist. Alternativ gibt es Tattoo-Transferfolie zu
kaufen, auf der Sie die Motive ausdrucken
und aufkleben können wie herkömmliche
Klebetattoos.

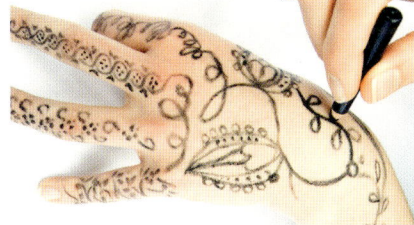

Unser Basteltipp

Malen Sie Ihrer Inderin mit roter
Farbe ein Bindi, das ist der Punkt
zwischen den Augenbrauen. Alternativ kleben Sie mit Hautkleber
einen Glitzerstein an besagte Stelle.
Übrigens, früher war das Bindi nur
verheirateten Frauen hinduis-
tischen Glaubens vorbehalten.
Heute ist es ein weitverbreiteter
Trend, den man auch in unserer
westlichen Welt hin und wieder als
Blickfang bewundern darf.

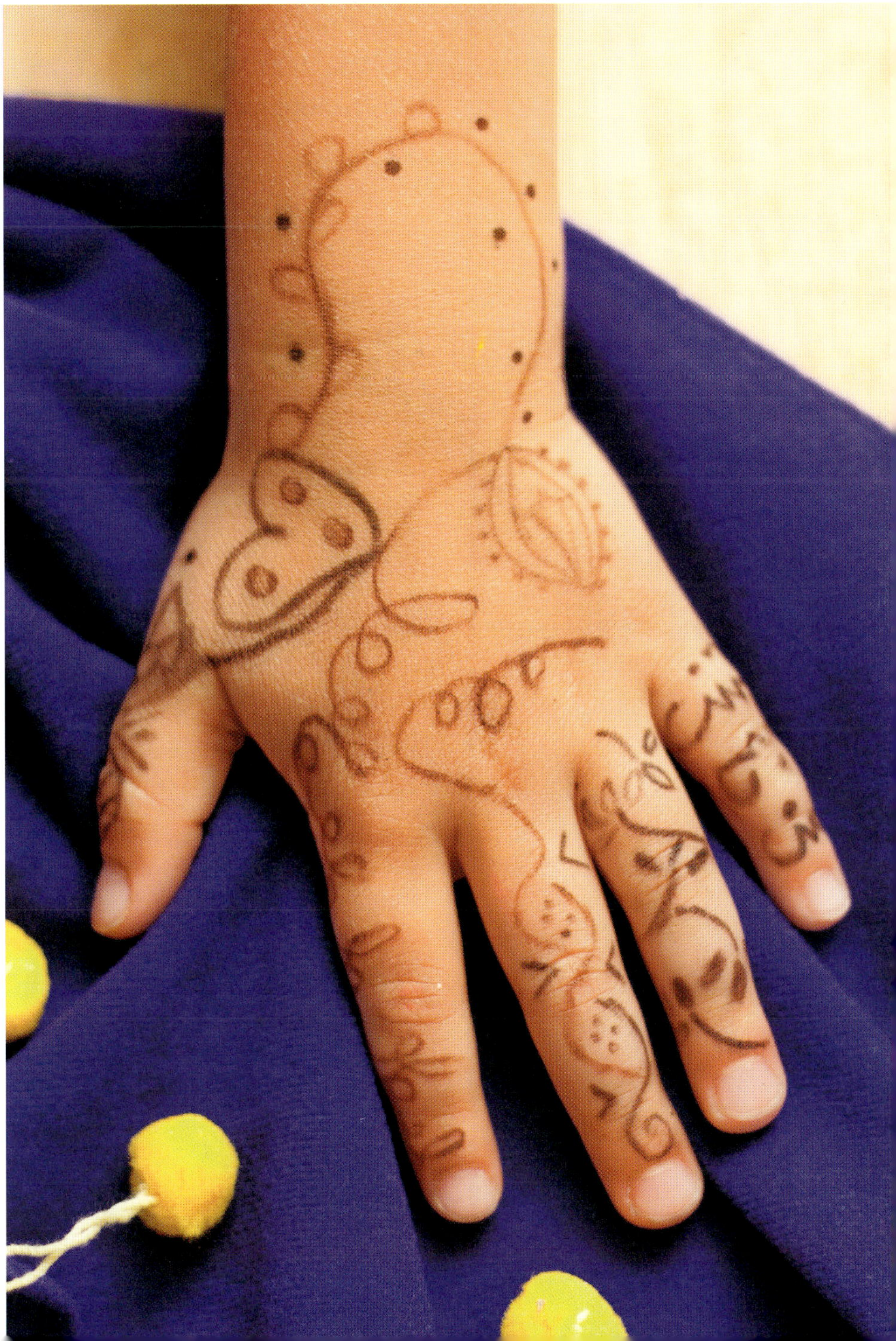

Bärtige Typen

Rasiert wird später!

Schwierigkeits-grad

● ● ○ ○

Material

* Kajalstift (oder Kinderschmink-stift) in Schwarz

Hilfsmittel

* Anspitzer für Schminkstifte

Vorlage

Bogen A

Unser Verkleidungstipp

Je nachdem, wie Sie die Augenbrauen anmalen, wird der Gesichtsausdruck sehr unterschiedlich: Augenbrauen, die von der Nasenwurzel bis nach oben außen reichen und dabei eine strenge ungeschwungene Linie haben, wirken eher böse. Runde Bögen, die sich weit über den Augen krümmen, wirken wach, freundlich und überrascht. Sie können die Bärte exakt und deckend oder locker aus dem Handgelenk heraus kolorieren. Die Optik variert so von dekorativ bis aggressiv.

Augenbrauen, Koteletten und „Lampenschirm"

1 Der Bart trägt auf Grund seiner Form tatsächlich den Namen Lampenschirm. Zeichnen Sie mit einem Kajalstift die Kontur vor. Dabei ist es am einfachsten, wenn man sich an Oberlippenkontur, Nasolabialfalten und Nase orientiert. Zeichnen Sie also über die Oberlippe ein Trapez, dessen Außenkanten sich in Form bzw. Krümmung an die individuellen Konturen des Gesichts anschmiegen. Die Fläche schwarz ausmalen.

2 Auch bei den Augenbrauen sollten Sie sich an den natürlichen Augenbrauen orientieren, diese mit einer klaren Kontur großzügig umranden und die Fläche anschließend ausfüllen.

3 Die Koteletten beginnen Sie vor den Ohren in der Höhe, wo die Ohren scheinbar am Kopf beginnen. Bis etwa zur Kieferkante zeichnen Sie die Kontur, etwa wie ein langgezogenes Ahornblatt und füllen diese Flächen ebenfalls aus. Wenn es nicht auf Anhieb symmetrisch gelingt, können Sie Patzer mit einem Wattestäbchen korrigieren.

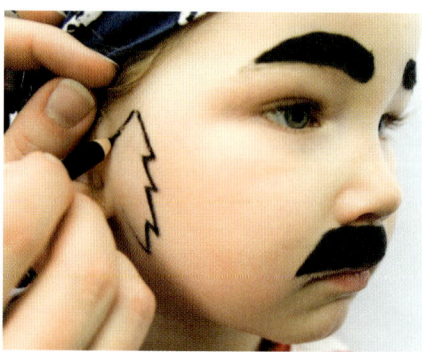

Schnauz- und Kinnbart

1 Zeichnen Sie sich mit dem Kajalstift die Kontur über der Oberlippe vor. Orientieren Sie sich dabei etwa an den Mundwinkeln. Von der Mitte bis nach außen zu den Mundwinkeln zeichnen Sie die Kontur abfallend und ab dort den Schwung aufsteigend, der am Ende den spiralförmigen „Bartzwirbel" ergibt. Seien Sie dabei mutig: Je schneller Sie die Kontur zeichnen, umso gerader werden Ihre Striche.

2 Füllen Sie die Konturen aus.

3 Nun zeichnen Sie sich am Kinn unter der Unterlippe beginnend die Kontur für den Kinnbart. Stellen Sie sich dabei einfach einen umgedrehten Regentropfen vor, dann geht es ganz einfach. Auch diese Kontur müssen Sie nun noch ausfüllen. Voilá, ihre Bärte sind schnell und einfach fertig – und vor allem völlig stoppelfrei!

Unser Basteltipp

Um die Schminke länger haltbar zu machen, kann man entweder wasser- und wischfeste Schminkprodukte benutzen oder bei geschlossenen Kinderaugen vorsichtig einen kurzen Stoß Haarspray über das Schminkgesicht geben.

Buntes Beinkleid

Helden in Strumfhosen

Schwierigkeits-grad

● ○ ○

Material

* Kinderstrumpfhose in Fuchsia
* Textilfarben in Violett, Blau und Weiß (alternativ Acrylfarben)
* Schwamm
* Motivstempel
* Pappkartonreste

Hilfsmittel

* Cuttermesser
* Pinsel

Vorlage

Bogen A

UNSER ELTERN-TIPP

Mit einer weißen Strumpf-hose und schwarzen unregel-mäßigen Streifen können Sie einen wilden Zebralook kre-ieren oder Sie gestalten eine gelb-braune Giraffenhose zum Giraffenhut von Seite 50/51. Zum Drachenkopf von Seite 30/31 passt eine grüne Strumpfhose mit gelben und roten Punkten.

---

1 Eine kunterbunte Strumpfhose zu gestalten, ist nicht schwer und eine Freunde für Jung und Alt! Dazu eine Strumpfhose in beliebiger Farbe aussuchen und mit Pappresten im Inneren ver-stärken. Damit verhindern Sie auch das Durch-drücken der Farben. Nehmen Sie vorgefertigte Motivstempel und streichen Sie diese mithilfe eines Pinsels mit weißer Textilfarbe ein. Bedru-cken Sie damit vorsichtig die Strumpfhose. Schöne Motive sind Buchstaben oder Zahlen da diese nicht zu filigran sind.

2 Sie können aber auch individuelle Motive verwenden. Dazu beispielsweise Herz und Kreis nach Vorlage oder ein eigenes Motiv aus einem Stück Karton ausschneiden.

Die ausgeschnittenen Vorlagen beiseite legen und den Karton mit dem Negativ der Form als Schablone nutzen. Betupfen Sie dazu den Schwamm mit etwas blauer oder lilafarbener Textilfarbe.

Die Negativform auf die Strumpfhose legen und mit dem Schwamm solange tupfen bis die Form komplett mit Farbe gefüllt ist. Die Pappform vorsichtig entfernen und nach dem Trocknen die Farbe nach Herstellerangabe fixieren.

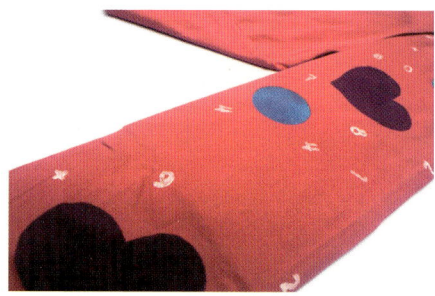

Unser Verkleidungstipp

Stimmen Sie die Schminke auf das Strumpfhosen-muster ab. In Kombination mit einem einfarbigen Longshirt und einem gleichfarbigen Hütchen ist so der kleine Verwandlungskünstler mit nur wenigen Handgriffen abmarschbereit.

Giraffenstarker Hut

Los geht's zur Safari!

Schwierigkeits- grad
● ● ●

Motivhöhe
20 cm x 16 cm x 29 cm

Material
* 2 Gipsbinden
* dicker Bastelfilz in Gelb, A5
* dicker Bastelfilz in Hellbraun, A4
* Bastelfilz in Dunkelbraun, A5
* Bastelfilzreste in Schwarz, Weiß und Hellbraun
* 2 Rundholzstäbe, ø 3mm, ca. 15 cm lang
* 2 Styropor®kugeln, ø 2,5 cm
* Styropor®kugel ø 1 cm
* Styropor®kugel ø 10 cm
* Acrylfarbe in Gelb und Braun
* Gummiband transparent, 50 cm lang

Hilfsmittel
* Nadel
* Luftballon
* Schere
* Haarspray
* Stecknadeln
* Klammern
* Cuttermesser
* Pinsel
* UHU Alleskleber SUPER

Vorlage
Bogen A

1 Stellen Sie sich eine Grundform aus Gips her, wie in den allgemeinen Anleitungen beschrieben. Malen Sie diese Grundform mit gelber Acrylfarbe an, dann lassen Sie den „Schädel" trocknen.

2 Nun bohren Sie mit einer Schere vorsichtig zwei kleine Löcher in den Hinterkopf des Giraffenkopfes und schieben die Rundholzstäbe hindurch. Sie sollten von unten starken Klebstoff auf der Stelle anbringen, an der die Stäbe durch den Gips treten. Malen Sie die Stäbe ebenfalls mit gelber Acrylfarbe an.

3 Die beiden Styropor®kugeln (ø 2,5 cm) malen Sie mit brauner Acrylfarbe an. Wenn die Farbe getrocknet ist, bohren Sie mit einer kleinen Schere Löcher in die Unterseiten. In diese Löcher geben Sie Klebstoff und stecken die Kugeln auf die Rundholzstäbe. Die Giraffenhörner sind jetzt fertig.

4 Schneiden Sie sich anschließend die Ohren entsprechend der Vorlage aus dickem gelbem Bastelfilz aus und kleben Sie sie wie auf der Abbildung zu sehen zusammen. Hier empfiehlt

es sich, die Klebestellen temporär zu fixieren, z. B. mit Wäscheklammern.

5 Jetzt folgt der Nasensteg. Auch ihn schneiden Sie entsprechend der Vorlage aus dunkelbraunem Bastelfilz aus und kleben ihn mit Klebstoff auf den Gipsgrund.

6 Nehmen Sie anschließend ein Cuttermesser und halbieren Sie die große Styropor®kugel (ø 10 cm). Bringen Sie diese als Augen mit etwas Klebstoff auf die Gipsform auf. Sie können die Styropor®teile mit Stecknadeln vorsichtig fixieren, bis der Kleber getrocknet ist.

7 Beginnen Sie nun die Styropor®kugeln, die als Augen dienen, zu verkleiden und zu verzieren. Ein Halbkreis aus Bastelfilz dient als Augenlid. Kreise aus schwarzem, weißem und hellbraunem Bastelfilz als Pupillen.

Aus schwarzem Bastelfilz schneiden Sie Wimpern aus und bringen sie an. Die Wimpern können Sie mit etwas Haarspray in Form bringen und versteifen.

8 Schneiden Sie die Giraffenflecken entsprechend der Vorlage aus dickem hellbraunen Bastelfilz aus und kleben Sie sie auf den Giraffenhut. Da dicker Bastelfilz sehr steif ist, ist es auch hier empfehlenswert, die Flecken mit Nadeln zu fixieren bis der Klebstoff durchgetrocknet ist.

9 Die kleinen Styropor®kugeln (ø 1 cm) müssen Sie halbieren und mit brauner Acrylfarbe anmalen. Anschließend bringen Sie sie als Nasenlöcher vorn am Modell auf.

10 Wenn alles gut durchgetrocknet ist, bohren Sie mit einer Nadel links und rechts (etwa in Augenhöhe) je ein kleines Loch, durch welches Sie das transparente Gummiband ziehen und verknoten, damit der Giraffenhut besser auf dem Kopf hält. Die Länge des Gummibandes sollten Sie der Kinderkopfgröße anpassen. Lange Gesichter gibt es mit diesem Hut bestimmt nicht – stattdessen muss Ihre Giraffe nun üben, einen langen Hals zu machen!

Unser Verkleidungstipp

Man kann auch einige Giraffenflecken mehr ausschneiden und Sie mit doppelseitigem Klebeband an der Kleidung fixieren ohne diese zu beschädigen. Gelbe Leggins und ein gelbes T-Shirt werden auf diese Art und Weise verziert – schon haben Sie ein komplettes Giraffenkostüm.

MonstermäßBige Visage

gruseliges Scarface

Schwierigkeits-grad

● ● ●

Material

* Kinder-Schminkfarbe im Tiegel in Weiß
* Kinder-Schminkstift in Pink, Blau, Grün, Braun, Rot und Violett

Hilfsmittel

* Pinsel
* Haarreif
* Wattestäbchen

Vorlage

Bogen A

Unser Basteltipp

Darf es etwas gruseliger sein? Blut-verschmierte, krustige Wunden für größere Monsterkinder erreichen Sie durch den Einsatz von Modellier-wachs. Dieses zum Erwärmen eine Weile zwischen den Fingern rollen und danach auf eine ausgewählte Stelle im Gesicht aufbringen. Trock-nen lassen! Mithilfe des Pinselstiels wird das Modellierwachs auf der Haut zu einer Wunde geformt. Durch kleine Kerben oder Ritze wirkt die Wunde realistischer. Nun die Wunde aus Modellierwachs mit violetter Farbe übermalen. Abschließend neh-men Sie Filmblut und träufeln es auf die Wunde. Damit es etwas herunter läuft, wie bei Wunden üblich, mischen Sie das Filmblut mit ein wenig Wasser.

1 Um ein freundliches Monstergesicht zu schminken, benötigen Sie diverse Kinder-Schminkstifte in beliebigen Farben Ihrer Wahl und einen Haarreif, den Sie während des Schminkvorgangs dem Kind aufsetzen, damit die Haare nicht in die Schminke geraten. Das zu schminkende Kind bitten, auf einem Stuhl Platz zu nehmen.

2 Zeichnen Sie die Konturen der monster-haften Flecken mithilfe von braunem Kinder-Schminkstift oder Kajal auf das Gesicht auf. Dabei auf eine harmonische Verteilung achten.

3 Danach zeichnen Sie ebenfalls den Mund und die überdimensional großen Monsterzähne auf das Gesicht auf. Den Mund mit dem braunen Kinder-Schminkstift flächig ausmalen.

4 Nehmen Sie danach blaue und rote Kinder-Schminkstifte zur Hand, um die Zähne zu kolo-rieren.

5 Für die Monsterflecken werden die Farben Rot, Pink, Blau und Grün verwendet. Mit den Kinder-Schminkstiften nach und nach alle Fle-cken bemalen und unsaubere Stellen mit einem mit Creme benetzten Wattestäbchen ausbessern.

6 Da Monster blutleere Wesen sind, wird das gesamte Gesicht abschließend mit weißer Kin-der-Schminkfarbe ausgemalt.

Benutzen Sie dazu einen feinen Pinsel, um Fle-cken, Zähne und Mund sauber auszusparen. Die weiße Kinder-Schminkfarbe nicht ganz bis zum Haaransatz aufbringen, da sonst alle Haare in der Schminke hängenbleiben.

7 Es empfiehlt sich, die Schminke etwas trocknen zu lassen, bevor die Kinder weiterspielen können, da sie sonst leicht verwischt. Erzählen Sie doch eine wartezeitverkürzende Gruselgeschichte.

Unser Verkleidungstipp

Monster tragen gerne Fetzen und schmuddelige Zottelwesten. Dies Schminkidee eignet sich aber auch für Mumien: Einfach den Körper großzügig mit Mullbinden umwickeln.

Rotkäppchen und der Wolf

märchenhaftes Duo

Schwierigkeitsgrad

● ○ ○

Motivhöhe

Wolfskopf mit Ohren 24 cm x 28 cm x 16 cm

Rotkäppchenschürze 40 cm x 50 cm

Käppchen (zusammengelegt) 22 cm x 27 cm

Material
Wolf

* Gipsbinden
* 6 graue Plüschteile, 20 cm x 35 cm
* Moosgummi in Weiß, 5 cm x 25 cm
* 2 Styropor®kugeln, ø 10 cm
* Styropor®kugel, ø 3 cm
* Filzreste in Schwarz
* 6 Stück Papierdraht in Schwarz, 10 cm lang
* Gummiband transparent, 60 cm lang
* Acrylfarbe in Schwarz

Rotkäppchen

* Bastelfilz in Rot, 45 cm x 70 cm
* Stoff in Weiß, 40 cm x 50 cm
* Schrägband in Weiß, 2 m lang
* Zierband in Schwarz-Weiß gemustert,
  1 m lang
* Webband in Beige-Rot gemustert, 1 m lang
* Garn

Hilfsmittel

* Stift
* Nadel, Sicherheitsnadel
* ggf. Nähmaschine
* UHU Alleskleber SUPER

Vorlage

Bogen B

Wolf

1 Stellen Sie sich eine Grundform aus Gipsbinden, Wasser und einem Luftballon her. Wie das geht, sehen Sie in der allgemeinen Anleitung auf Seite 4.

2 Beziehen Sie diese Gipsform mit dem Plüsch. Schneiden Sie nun die Wolfsohren entsprechend der Vorlage aus dem Plüsch aus und kleben Sie sie an den Kanten zusammen. Nach dem Trocknen kleben Sie die Ohren an den unteren Klebelaschen auf den oberen Teil der Kopfform. Lassen Sie den nun bezogenen Plüschkopf durchtrocknen.

3 Nehmen Sie die großen Styropor®-kugeln und schneiden Sie jeweils ein Drittel der Kugel mit dem Cutter gerade ab. Malen Sie die Kugeln mit schwarzer Acrylfarbe zur Hälfte an, das werden die Augenlider. Die kleine Styropor®kugel können Sie an dieser Stelle ebenfalls schon halbieren und schwarz anmalen. Wenn die Farbe getrocknet ist, sollten Sie die großen Kugeln am Plüschkopf positionieren und festkleben. Um die Kugeln zu sichern, während der Kleber trocknet, empfiehlt es sich, die Kugeln mit Stecknadeln zu fixieren, die Sie später wieder entfernen können. Gleiches gilt für die kleine schwarze Halbkugel die Sie vorn auf dem Plüschkopf als Nase festkleben. Schnei-

den Sie nun die Augenbrauen des Wolfes entsprechend der Vorlagen aus schwarzen Filzresten aus und kleben Sie sie an die Kante des Augenlids. Schneiden Sie nun noch schwarze Filzreste als Pupillen aus.

4 Je nach Größe ihres Wolfskopfs schneiden Sie nun den weißen Moosgummi zackenförmig der Länge nach ein. Die Zacken sollten 1,5 cm vor dem Rand enden. Den gezackten Moosgummistreifen kleben Sie nun an die Vorderseite des Wolfsmauls als Zähne. Dazu streichen Sie die freigelassenen 1,5 cm mit Klebstoff ein und pressen sie von innen fest an die Gipsform. Nehmen Sie nun eine starke Nadel und bohren links und rechts von der Wolfsnase je drei Löcher. Durch diese ziehen Sie den Papierdraht. Vor dem Durchfädeln sollten Sie einen Knoten in jeden Papierdraht machen, 2 cm vom Ende entfernt. Diese 2 cm sind nach dem Durchfädeln im Innern des Gipskopfs, Sie fixieren sie mit Klebefilm am Gipsgrund.

5 Wenn alles gut durchgetrocknet ist, bohren Sie mit einer Nadel links und rechts, etwa in Augenhöhe, je ein kleines Loch, durch das Sie das Gummiband ziehen und verknoten, damit der Wolf besser auf dem Kopf hält.

••• Weiter geht es auf Seite 56

6 Die Fellstulpen für die Beine und die Hände schneiden Sie der Vorlage entsprechend aus dem Plüsch aus und nähen sie zusammen. Achtung: Vorher Umfang der Hände und der Fußfesseln beim Kind messen und die Größe anpassen! Den Schwanz ebenfalls entsprechend der Vorlage ausschneiden und zusammenkleben. Mit einer Sicherheitsnadel an der Hose des Kindes befestigen.

Rotkäppchen

1 Schneiden Sie die Form des Käppchens zweimal aus dem roten Bastelfilz aus. Kleben Sie die zwei Teile nun links auf links an der Hinterkante und der Oberkante zusammen.

2 Wenn das Käppchen durchgetrocknet ist, drehen Sie es auf die rechte Seite. Nähen Sie nun an der kompletten Innenkante das Zierband fest. Lassen Sie dabei 1 cm Abstand zum Rand.

3 Wenn das Käppchen fertig ist und Sie es Ihrem Rotkäppchen aufsetzen, dann schlagen Sie den Rand einmal nach außen um, sodass man das Zierband sieht. Bringen Sie die Seitenlappen des Käppchens so in Form, dass sie leicht nach außen stehen. Damit er in dieser Position bleibt, können Sie den Filz auch vorsichtig mit Haarspray ansprühen.

4 Für die Schürze schneiden Sie aus weißem Stoff ein Rechteck zu, ca. 40 cm lang und 50 cm breit. Orientieren Sie sich dabei an der Länge des vorhandenen Rocks und umsäumen Sie die 40 cm langen Seitenkanten und die untere 50 cm lange Kante.

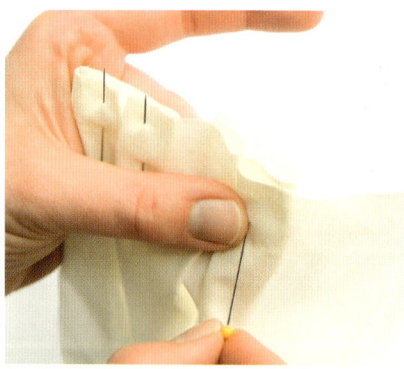

Nähen Sie das in Beige-Rot-gemusterte Webband ein Stück oberhalb der Unterkante fest. Die obere 50 cm lange Kante legen Sie in gleichmäßigem Abstand in fünf Kellerfalten.

Fixieren Sie Ihre gelegten Falten mit Stecknadeln.

5 Bügeln Sie das Schrägband mittig zusammen, sodass ein Bruch entsteht. Suchen Sie sich etwa die Mitte auf der Länge des Schrägbands und klappen Sie die in Kellerfalten gelegte Kante zwischen die Falzkante des Schrägbands. Fixieren Sie diese Position und nähen Sie einmal über die gesamte Länge des Schrägbands an der Außenkante. Die Nadeln können Sie nun entfernen. Die langen Enden des Schrägbands (links und rechts von Ihrem in Falten gelegten Rechteck) dienen nun gleichzeitig als Schürzenbänder.

UNSER ELTERN-TIPP

Ihr Rotkäppchen benötigt natürlich ein mit Leckereien gefülltes Körbchen. Apfelsaft und Kuchen kommen als Mitbringsel auf jeder Kinderparty gut an!

Flinke Fliege

saust durch die Lüfte

Schwierigkeitsgrad

● ● ●

Material

Fliege

* Dicker Bastelfilzrest in Schwarz
* Gummilitze in Schwarz, 80 cm lang, 2 cm breit
* 2 Tonkartons in Weiß, 50 cm x 70 cm
* Kinderfeinstrumpfhose in Weiß, mind. Größe 122/128, 40 den
* 10 Halbperlen selbstklebend in Cremeweiß, ø 6 mm
* 4 Lochverstärker
* Garn in Weiß und Schwarz

Shirt

* langärmeliges Shirt (Größe des Kindes)
* 2 Bögen dicker Bastelfilz in Schwarz, A4
* Garn in Schwarz

Augen und Rüssel

* 2 Haushaltssiebe
* Gummilitze in Schwarz, 40 cm lang, 2 cm breit
* Tonkarton in Dunkelbraun und Ocker, je 2 cm x 50 cm
* Tonkartonrest in Dunkelbraun
* Papierdraht in Schwarz, 40 cm lang
* Garn in Schwarz

Hilfsmittel

* Bürolocher
* Nadel
* Cuttermesser und Unterlage
* Drucker
* Schere
* Metallsäge
* ggf. Kneifzange
* UHU Alleskleber SUPER

Vorlage

Bogen A

Flügel

1 Schneiden Sie sich die Flügel entsprechend der Vorlage viermal aus dem Tonkarton aus. Denken Sie daran, dass Sie die Flügelvorlage für den zweiten Flügel seitenverkehrt nutzen müssen.

2 Nehmen Sie nun eine Kinderstrumpfhose, schneiden Sie die Beine ab und schneiden Sie diese der Länge nach auf. Sie haben jetzt zwei flächige Strumpfhosenstücke. Legen Sie die Strumpfhosenstücke probeweise auf die Tonkartonflügel und versichern Sie sich, dass sie die Aussparungen auch alle abdecken. Bringen Sie nun auf je einem linken und einem rechten Flügel Klebstoff auf und legen Sie das Strumpfhosenstück jeweils darüber. Tragen Sie nun wiederum Klebstoff auf die übrigen Tonkartonstücke auf und pressen Sie die Stücke behutsam auf die bereits mit Strumpfhosen beklebten Stücke. Lassen Sie das Ganze trocknen und schneiden Sie den überstehenden Strumpfhosenstoff entlang der Kante ab. Alternativ zur Strumpfhosenschicht können Sie ein großes Transparentpapier einsetzen.

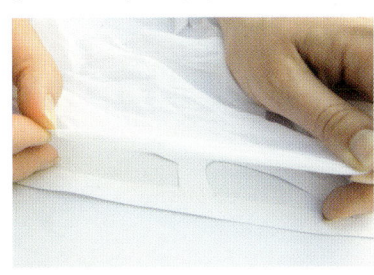

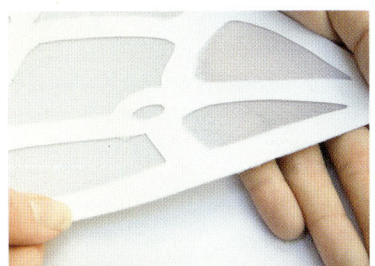

3 Bringen Sie nun innerhalb der runden Aussparungen selbstklebende Halbperlen auf. An der Spitze der Flügel stanzen Sie nun mit einem Bürolocher ein Loch in jeden Flügel. Verstärken Sie nun die Löcher von beiden Seiten mit Lochverstärkern.

4 Schneiden Sie sich ein Rechteck 5 cm x 7 cm aus dem schwarzen Bastelfilz aus und bringen Sie jeweils am linken und am rechten Rand das Gummiband in Schlaufenform an. Das werden die Schultergurte, mit denen man sich die Flügel später umbindet. Die Gummibänder sind etwa 38 cm lang – die Länge richtet sich nach der Größe des Kindes. Wenn Sie das „Gurtsystem" vernäht haben, nähen Sie auch die Flügel an den Bastelfilz an. Mithilfe einer Nadel kön-

••• Weiter geht es auf Seite 58

nen Sie die Flügel an den gestanzten Löchern auf den Bastelfilz nähen, als würden Sie einen Knopf fixieren.

Shirt

Schneiden Sie sich entsprechend der Vorlage zwei Beine aus dem dicken Bastelfilz aus. Nähen Sie die Beine nun jeweils links und rechts an die Seitennähte des Shirts, etwa 8 cm unterhalb der Achseln. Wenn Sie etwas Übung im Nähen haben, lohnt es sich, die Seitennaht an der gewünschten Stelle vor-

sichtig aufzutrennen, das Fliegenbeinchen etwa 1 cm hindurch zu schieben und die Naht wieder zu verschließen.

Augen und Rüssel

1 Messen Sie zunächst den Kopfumfang Ihrer kleinen Fliege. Schneiden Sie von der Gummilitze ein Stück ab, das etwa so lang wie 2/3 des gemessenen Kopfumfangs ist. Legen Sie das Stück an den Enden zusammen und vernähen Sie es, sodass Sie einen geschlossenen Kreis erhalten.

2 Nehmen Sie nun die Haushaltssiebe zur Hand und sägen Sie mit einer Metallsäge die Griffe möglichst nahe am Sieb ab.

3 Stellen Sie sich aus den Tonkartonstreifen eine Hexentreppe her, indem Sie die Streifen immer umeinander knicken. Aus

einem Rest Tonpapier schneiden Sie sich den Rüssel entsprechend der Vorlage aus und kleben Ihn an das Ende der Hexentreppe.

4 Biegen Sie sich nun aus dem schwarzen Papierdraht Fühler. Die Enden biegen Sie spiralförmig ein. Fliegenfühler sitzen dicht über den Augen.

5 Setzen Sie nun Ihrer Fliege das Gummiband auf den Kopf und markieren Sie, wo die Siebaugen, der Rüssel und die Papierdrahtfühler hinkommen sollen. Das hängt vom Augenabstand ab – schließlich sollen die Siebe und der Rüssel die Fliege später nicht behindern.

6 Nun nähen Sie die Siebe und den Rüssel, sowie die Fühler, an der Gummilitze fest. Schwarze Leggins oder Jeans rundet das Fliegenkostüm prima ab. Jetzt ist Ihre kleine Fliege komplett, kann abschwirren und die Welt erkunden.

Spaciges Laserschwert

macht jeden Widersacher neidisch

Schwierigkeits-grad

● ● ○

Motivhöhe

ca. 51 cm

Material

* Schmuckpapier in Blau-Irisierend, 30,5 cm x 11 cm, sowie Kreis, ø 5 cm
* Wellpappe, 16,5 cm x 15 cm
* Tonpapierstreifen in Türkis und Cremeweiß, 1 m x 3 cm
* Kreppapierrest in Blau
* Pappröhre, ø 3 cm, 30,5 cm lang
* Pappröhre, ø 5 cm, 15 cm lang
* 10 Brads in Sternchenform in Gelb, ø 4 mm
* 10 Beads in Sternenform in Gelb, ø 8 mm
* Motivklammer mit Raketen-motiv, ø 3 cm
* Papierdraht, 2 x 12 cm lang
* Kordel in Violett, 12 cm lang
* Styropor®kugel, ø 6 cm
* Lederrest, 17 cm x 3 cm

Hilfsmittel

* Lineal
* Cuttermesser
* Teelöffel
* UHU Alleskleber ohne Lösungsmittel

1 Für ein wahrhaft spektakuläres Laser-schwert schneiden Sie eine Papprolle (ø 3 cm) (z. B. die Rolle im Innern einer Alufolie), auf 30,5 cm Länge zu.

2 Ebenfalls einen Kreis (ø 5 cm) aus irisie-rendem Papier zuschneiden und gezackt ein-schneiden.

Kleben Sie den Kreis an ein Ende der Pap-prolle und umwickeln Sie die gesamte Pap-prolle mit einem Stück irisierendem Papier in der Größe von 30,5 cm x 11 cm.

3 Danach eine Styropor®kugel mithilfe eines Teelöffels in der Größe der Papprolle aushöhlen.

Die Styropor®kugel umwickeln Sie mit blauem Krepppapier und kleben dieses fest. Mit stark haftendem Klebstoff fixieren Sie die Kugel auf der Röhre.

4 Verzieren Sie die Papprolle am Ansatz zur Styroporkugel mit Papierdraht in Silber und einer violetten Kordel von jeweils 12 cm Länge. Auf der ummantelten Styropor®kugel bringen Sie die 20 Brads und die Motivklammer an.

5 Fertigen Sie nun den Griff an: Dazu eine zweite Papprolle (ø 5 cm) auf eine Länge von 15 cm zuschneiden und mit einem Stück Wellpappe (16,5 cm x 15 cm) ummanteln. Den Griff ebenfalls mit starkem Klebstoff am unteren Ende der blauen Styropor®kugel befestigen und einige Zeit trocknen lassen.

6 In der Zwischenzeit einen Lederrest in der Größe 17 cm x 3 cm zuschneiden und am Griff entsprechend der Abbildung befestigen.

7 Ein weiteres Element des Griffes ist der Halter. Falten Sie hierzu eine Hexentreppe: Dazu Tonpapierstreifen in Türkis und Cremeweiß (100 cm x 3 cm) rechtwinklig ineinander schlagen, sodass sich ein Treppeneffekt ergibt.

Die Enden miteinander verkleben, sodass ein Ring daraus wird. Stülpen Sie den Ring über den Griff. Schon ist das intergalaktische Laserschwert fertig!

Teuflische Hörnchen

– einfach diabolisch!

1 Stellen Sie sich aus Alufolie zweimal die Hörnchengrundform her. Die Kegel sollten an der unteren dicksten Stelle etwa einen Durchmesser von 3,5 cm haben und etwa 12 cm lang sein.

2 Nehmen Sie nun ein 2,5 m langes Stück Butterbrotpapier und teilen Sie es diagonal. Legen Sie die zwei so entstandenen, dreieckigen Stücke deckungsgleich übereinander und fangen Sie damit an, an der spitzen Seite beginnend, das Papier in sich zu verdrehen. Durch das Zwirbeln entsteht ein langer Strang, der vom Anfangspunkt bis zum Ende stetig dicker wird.

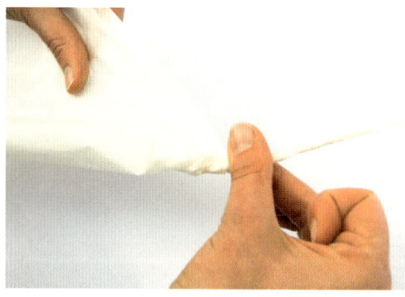

3 Wickeln Sie nun den entstandenen Papierstrang um die Hörnchengrundform aus Alufolie spiralförmig herum. Beginnen Sie an der Spitze. Sollte Ihr Papierstrang nicht ausreichen, stellen Sie weitere Stränge her und setzen Sie sie am Ende des ersten Stranges an. Es ist empfehlenswert, den Strang alle paar Zentimeter temporär

mit Stecknadeln auf der Hörnchengrundform zu fixieren.

4 Wenn Sie die kompletten Hörnchen auf diese Weise umwickelt haben, tränken Sie den Papierstrang mit Hilfe eines Pinsels mit Serviettenkleber. Lassen Sie die Hörnchen gut durchtrocknen, am besten über Nacht.

5 Wickeln Sie nun den Haarreif mit Alufolie ein. Alternativ können Sie aber auch einen dickeren Haarreif nehmen und gleich mit dem nächsten Schritt fortfahren.

6 Kleben Sie um die Haarreifenden Reste aus türkisfarbenem Filz. Nehmen Sie nun weinrotes Papierband und wickeln Sie es um den Haarreif herum. Den Übergang der Filzenden zum Papierband kaschieren Sie mit weißer selbstklebender Spitze.

7 Nehmen Sie nun die Hörnchen und kleben Sie diese auf den Haarreif. Sie können die Hörnchen wieder temporär mit Stecknadeln am Haarreif fixieren bis alles getrocknet ist. Die Übergänge vom Haarreif zu den Hörnchen umwickeln Sie mit weinrotem Papierband.

8 Nun können Sie den Haarreif noch mit Halbperlen und Beads verzieren und auf die Spitzen der Hörner türkisfarbene Holzperlen kleben, um die kessen Spitzen noch zu betonen.

Unser Verkleidungstipp

Kleine Teufel tragen gerne rot! Ein modisches Accessoire ist noch immer der Dreizack. Optional sind schwarze Teufelsflügel und ein schwarz-rotes Schwänzchen.

Impressum

Die Autorin **Bianka Langnickel**, 1982 in Görlitz geboren, ist ausgebildete Grafik-Designerin und studiert ergänzend dazu Mediengestaltung/Medienkunst als Master an der Bauhaus-Universität Weimar. In ihrer Funktion als Medienpädagogin leitet sie Projekte mit kulturellem Kontext und wirkt bei deren Öffentlichkeitsarbeit mit. Workshops und andere Veranstaltungen intensivieren dabei den Dialog mit den Teilnehmern. Seit 2008 arbeitet Bianka Langnickel als freie Grafik-Designerin, wobei das Beraten von Kunden, die gestalterische Umsetzung von Medienprodukten und das Entwickeln von Konzepten unter technischen und produktionsorientierten Gesichtspunkten zu ihren täglichen Aufgabenfeldern gehört. Einen Ausgleich zum Digitalen findet sie im handwerklichen Verarbeiten unterschiedlichster Materialien, wobei es für sie keine Grenzen im Experimentierfeld gibt.
Mehr unter: www.zwei-eck.com und www.dawanda.com/shop/Zweieck

Franziska Heidenreich, 1982 in Königs Wusterhausen geboren, ist ausgebildete Mediengestalterin und Diplom Kommunikationspsychologin. Sie lebt mit ihrem Freund und dem gemeinsamen Sohn in Berlin. Wenn Sie gerade keine Vorlesungen im Bereich Ästhetik bzw. bildnerisches Gestalten hält, dann ist ihr dennoch niemals langweilig. Sie hat sich voll und ganz dem ästhetischen Entdecken der Welt verschrieben und lässt sich davon inspirieren, um neue Dinge zu gestalten, zu basteln und zu kreieren. Gestalten – vom Nähen bis hin zu computergestützten Projektarbeiten – das ist genau ihr Metier. Aus einer Idee etwas Sichtbares machen, diesen Weg geht Sie nicht nur im Alleingang, sondern begleitet dabei auch gern andere Menschen und steht ihnen mit Rat und Tat, technischem und grafischem Know-how, psychologischem Fachwissen und motivierenden Worten zu Seite.
Mehr unter: www.zwei-eck.com

Über ein Feedback von kleinen und großen Lesern zum vorliegenden Buch würden sich die Autorinnen sehr freuen, da sie stets an Anregungen und Ergänzungen ihrer Leser interessiert sind.

Die Redaktion bedankt sich herzlich bei den Kindermodels: Aliah, Noelie, Jamie, Bennet, Jonathan, Emanuel, Matteo, Finn, Lilly, Chiara und Leni .

Danke!

Für die freundliche Bereitstellung von Materialien bedanken sich die Autorinnen herzlich bei Heyda, Heilbronn, Folia (Max Bringmann KG), Wendelstein und Gütermann, Gutach-Breisgau. Außerdem geht noch ein Dank an die Familien der Autorinnen und an Thomas, Philipp und Lucie, sowie auch ein riesengroßes Dankeschön an die Arbeitschrittfotokids Eli und Julius.

PRODUKTMANAGEMENT UND LEKTORAT: Anja Detzel
LAYOUT: Karoline Steidinger
FOTOS: frechverlag GmbH, 70499 Stuttgart; lichtpunkt, Michael Ruder, Stuttgart (alle Modellfotos), Bianka Langnickel und Franziska Heidenreich (alle Arbeitsschrittfotos)
DRUCK UND BINDUNG: Korotan, Slowenien

Auflage: 5.   4.   3.   2.   1.
Jahr: 2015   2014   2013   2012   2011   [Letzte Zahlen maßgebend]

© 2011 **frechverlag** GmbH, 70499 Stuttgart

ISBN 978-3-7724-5751-7
Best.-Nr. 5751

WIR SIND FÜR SIE DA!
Bei Fragen zu unserem umfang-
reichen Programm oder Anregungen
freuen wir uns über Ihren Anruf
oder Ihre Post. Loben Sie uns, aber
scheuen Sie sich auch nicht, Ihre
Kritik mitzuteilen – sie hilft uns,
ständig besser zu werden.
Das Produktmanagement erreichen
Sie unter:

pm@frechverlag.de

oder:

frechverlag
Produktmanagement
Turbinenstraße 7
70499 Stuttgart
Telefon 07 11 / 8 30 86 68

LERNEN SIE UNS BESSER KENNEN!
Fragen Sie Ihren Hobbyfach- oder
Buchhändler nach unserem kosten-
losen Kreativmagazin **„Meine kreative
Welt"**. Darin entdecken Sie viertel-
jährlich die neuesten Kreativtrends
und interessantesten Buchneuheiten.
Oder besuchen Sie uns im Internet!
Unter **www.topp-kreativ.de** können
Sie sich über unser umfangreiches
Buchprogramm informieren, unsere
Autoren kennenlernen sowie aktu-
elle Highlights und neue Kreativtech-
niken entdecken, kurz – die ganze
Welt der Kreativität.
Kreativ immer up to date sind Sie mit
unserem monatlichen **Newsletter** mit
den aktuellsten News aus dem frechverlag, Gratis-Bastelanleitungen und
attraktiven Gewinnspielen.

TOPP – Unsere Servicegarantie